# とっておきのフィレンツェ／トスカーナ
おいしいものと素敵なところ

古澤千恵

もくじ

1　老舗ワイン屋さんのパニーニ　CASA DEL VINO ── 6
2　幸せを束ねてくれるフィレンツェの花屋さん　FIORILE ── 8
3　グレゴリオ聖歌の流れる文具店　SCRIPTORIUM ── 10
4　特別なカードや名刺を活版印刷で　BROGI ── 12
5　ドゥオモが見える図書館　BIBLIOTECA DELLE OBLATE ── 14
6　王家に愛されたかわいらしいお菓子　AMARETTI ── 16
7　トスカーナの色　COLORE DELLA TOSCANA ── 18
8　昼だけ食堂のフライドポテト　GOZZI ── 20
9　持ち帰ってしまうジェラート屋さんのエコスプーン　GROM ── 22
10　オーガニックマーケットへ行こう！　FIERUCOLA ── 24
11　世界最古の薬局
　　OFFICINA PROFUMO-FARMACEUTICA DI SANTA MARIA NOVELLA ── 28
12　宝石のパニーニ　PROCACCI ── 30
13　ドゥオモとともに時をきざむ表札屋　CARTELLI NANTE ── 32
14　ゆっくりと一息つくときは　PALAZZO STROZZI ── 36
15　不思議においしい、つるつるペンネ　PENNE LISCE ── 38
16　マグロのトロが缶詰めに　TONNO VENTRESCA ── 39
17　美食の国のマヨネーズ　MAIONESE ── 40
18　エッセルンガの pizza 生地　PASTA PER PIZZA ── 42
19　たかがスポンジ、されどスポンジ　SPUGNA ── 44
20　おばあちゃんのエプロン　GREMBIULE ── 46
21　全員集合！　BUSTA ── 48
22　パステル色の紙文具屋さん　ANGELA SALAMONE ARTIGIANATO & DESIGN ── 52
23　万能！　黄色いわら半紙　CARTA GIALLA ── 54
24　一瞬だけの美しさ　PONTE SANTA TRINITA ── 56
25　それぞれが気ままに　OLIO & COMVIVIUM ── 58
26　店主の審美眼に触れるために訪れるアンティークショップ　LUCA ── 60
27　三人姉妹のクローゼットのような店　QUELLE TRE ── 64
28　フィレンツェ料理なら　ALLA VECCHIA BETTOLA ── 66
29　松の実は子供たちのおやつ　PINOLI ── 68
30　寄らずにはいられないインテリアショップ　RICCARDO BARTHEL ── 70
31　ひらひらパスタの歴史　PAPPARDELLE DI SAN LORENZO ── 74
32　16時のボンボローネ　BOMBOLONE ── 76
33　秘密のアンティーク・ショップ　MONICA LUPI ── 78
34　ジェラート屋さんのクレマカッフェ　GELATTERIA VIVOLI ── 80

| | | |
|---|---|---|
| 35 | 気持ちのよい自然派薬局　DR. VRANJES | 82 |
| 36 | フィレンツェ料理の名店が作ったビュフェ形式の劇場　TEATRO DEL SALE | 84 |
| 37 | 食べずには帰れないスローフード　TRIPPAIO SERGIO | 86 |
| 38 | バラの花びらの砂糖菓子　ROSE CANDITE | 88 |
| 39 | バターをラベル買い！　BURRO | 90 |
| 40 | お土産にベーキングパウダー　LIEVITO IN POLVERE | 91 |
| 41 | あなたに合わせて調合してくれる　ERBORISTERIA | 92 |
| 42 | 三つ星が保証してくれる　LAVANDERIA【フィレンツェ郊外】 | 94 |
| 43 | オリーブオイルの石鹸　SAPONE | 96 |
| 44 | 簡単！きれい！Ebanoの靴磨き　CALZANETTO | 98 |
| 45 | 大きな樫の木の下で　QUERCIA | 100 |
| 46 | 町のペンキ専門屋　TINTE & TONI【フィレンツェ郊外】 | 104 |
| 47 | 羊たち　PECORE | 106 |
| 48 | 働くアーペ　APE | 108 |
| 49 | 農協へ行こう！　CONSORZIO AGRARIO【キャンティ地区】 | 110 |
| 50 | 時のふちに静かに佇む　CASA COLONIA | 112 |
| 51 | ポマローラという独特パスタのお店　TAVERNA DEL GUERRINO【キャンティ地区】 | 114 |
| 52 | お肉屋さんのおいしさと楽しさいろいろ　CECCHINI【キャンティ地区】 | 117 |
| 53 | 小さな村の食料品店　ALIMENTARI | 120 |
| 54 | 修道院のジャム　MONASTERO DELLA CERTOSA【フィレンツェ郊外】 | 122 |
| 55 | 海辺のVilla Toscana　VILLA TOSCANA【リヴォルノ郊外：チェーチナ】 | 124 |
| 56 | 時がとまった廃墟駅　STAZIONE BOLGHERI【ボルゲリ地区】 | 126 |
| 57 | トスカーナの海の幸　CACCIUCCO | 128 |
| 58 | 情熱の古道具博物館　IL MUSEO ETTORE GUATELLI【パルマ郊外】 | 130 |
| 59 | 水車で粉を挽くところ　MULINO DEL DOTTORE【ボローニャ郊外】 | 134 |
| 60 | 一番好きなトラットリア　DA AMERIGO【ボローニャ郊外】 | 136 |
| 61 | 「何もしない」を楽しむホテル　VILLA BORDONI【キャンティ地区】 | 138 |
| 62 | ちいさなパスタ工房　FABBRI【キャンティ地区】 | 142 |
| 63 | ガブリエッラの庭の森へ　I GIARDINI DEL CASONCELLO【ボローニャ郊外】 | 144 |
| 64 | ローマ法王がお忍びで買いにくるチーズ　AZIENDA AGRICOLA SAN POLO【ピエンツァ郊外】 | 150 |
| 65 | イタリア式包装紙の包み方　PACCO PER REGALO | 152 |

地図　フィレンツェ広域図── 156　ボローニャ郊外／チェーチナ＋ボルゲリ地区── 158
　　　フィレンツェ郊外＋キャンティ地区── 159

# *1*
## 老舗ワイン屋さんのパニーニ
**CASA DEL VINO**
カーサ・デル・ヴィーノ

旅先で、いや、旅先だからこそおいしいものを食べたい、そう思う方はきっと多いはず。その土地のふだんの食を楽しみたい、見てみたい、味わいたい。
なぜだかわからないけれどものすごくおいしい、とか、ただおいしいものを味わえたなら、それだけで幸せなのです。それを味わえる場所が、訪れた土地ならではの雰囲気だったりしたら、もう言うことありません。
お昼時ともなると、パニーニのオーダーを待つ人で溢れているこの店は、フィレンツェ最古の vineria (=ワイン屋) さん。
郊外で暮らす私がフィレンツェに出向き、美味しいパニーニが食べたいと思った時に真っ先に思い出すのがここ、「Casa del Vino」。
ランチタイムには、仕立ての美しいスーツをしなやかに着こなす紳士や書類で分厚くなったビジネスバッグを抱える女性が、狭い店内で緩やかな列となり、順番を待っています。ワイン屋だけれど、美味しいパニーニが食べられることを、地元の人は皆知っているのです。
生ハム、サラミ、モルタデッラ、サルシッチャ、チーズいろいろ、グリル野菜に新鮮野菜、プチトマトの詰め物、ニシンのオイル漬けなど、パニーニに合う素材が所狭しとずらりずらり。その日の気分でサンドしてもらう素材を選びます。
今日こそ違う組み合わせにしようと思っても、やっぱり選んでしまう組み合わせはこれ。スキャッチャータという硬めのパンに、アンチョビとケッパーを詰めたプチトマトのマリネと、ブッラータチーズ。
また、と思いつつも、きっと次回もこれかな、とも思ってしまう私の定番。
1850年創業当時のままの重厚感ある、老舗らしい、フィレンツェらしい空間で、お薦めのグラスワイン片手に、パニーニを頬張ります。所狭しと並べられたワインを眺めつつ、他のお客さんが注文するパニーニの組み合わせに耳を傾けつつ、パンの端からプチトマトとチーズがはみ出してしまわないように気を遣いつつ。

**Casa del Vino**
via dell'Ariento 16/r 50123 Firenze
TEL 055-215609    http://www.casadelvino.it/

# 2
## 幸せを束ねてくれるフィレンツェの花屋さん

**FIORILE**
フィオリーレ

贈りものは花、というのが好きです。

たぶん、自分に花をプレゼントされるよりも、誰かにプレゼントするほうがずっと好きかもしれません。

たくさんの花があるその店先で、相手のことを思いながら花束のイメージをふくらませたり、自分の気持ちを色だったり種類だったり香りだったりで表したり、季節を盛りこんだり、この花をいれたらどうだろうなどと迷ったりするのが、楽しくて仕方がないのです。

残念ながら、素敵な花屋さんがあまりないフィレンツェですが、ここ「Fiorile」は私のお気に入り。

優しいブルーグレーの店内の壁に美しく映える珍しい花々。もう、いつまでもこの場所にいたい、と思うくらい幸せな場所ですが、それだけでなくここはフローリストさんのセンスが抜群。用途を伝え、入れてほしい花を伝えると、お客さんの好みやスタイルをうまく汲み取って、さらりと形にして見せてくれる。えっ、そのバラにその花を組み合わせるの？　そのグリーンをそうやってあしらうの？　わー、大胆！　などなど、「なるほど」と思わずうなってしまうような、それでいて、自分にもちょっとできてしまいそうなアイディアや手法をプラスしてくれるのですから、ただ「花を買う」以上のうれしさがあるのです。

出来上がった花束といっしょに、こんな充実感をもわけてくれる花屋さんは、多くはないはず。そんなお気に入りの花屋さんがあるって幸せだなと思います。

旅先で訪れる花屋さん。お花は買えないかもしれないけれど、もって帰りたいという気持ちになってしまうと思います。せめてエッセンスだけでも。

**Fiorile**
Via di Santo Spirito 26/r 50125 Firenze
TEL 055-2049032

# 3
## グレゴリオ聖歌の流れる文具店
**SCRIPTORIUM**
スクリプトリウム

ドゥオモ広場の裏手、ポルティコの美しいアンヌンツィアータ教会へと続くVia dei Serviにグレゴリオ聖歌が静かに流れる老舗文具店があります。
ここは、18世紀、19世紀の古い手紙や権利書や覚書の紙のように、いつまでもこれからも残り続けるような、格調高い上質な紙ばかりを取り揃えているショップです。
手紙に封をするために使われるシーリングワックスも、他のどのお店のものより、重厚な感じのするもので、まるでアンティークさながらの、まったりと深い色みとマットな質感を持ったとてもいい蝋で気に入っています。
ルーペや革表紙の本、インクやカード、スタンプ、レターナイフ各種、シーリングワックスを溶かす小さな真鍮製のアルコールランプ。
最近ではシルバー文具や美しいステッキなども取り揃えています。

紙を選び、インクののったペンで、文字を書く。
シーリングワックスに押印して封をし、ペーパーナイフを使って紙を切る。

少し時間をかけて、思いを文字にして、書き留めたい。
そんな気持ちを掻き立てられるかもしれません。

「Scriptorium」すなわちスクリプトリウム。
その名も「修道院の写字室」というこのお店。
この一枚のドアを開くと、ルネサンスな時間にタイムスリップです。

*Scriptorium* ＊このお店は以下に移転しています。
Via dei Pucci 4/r 50122 Firenze
TEL 055-211804

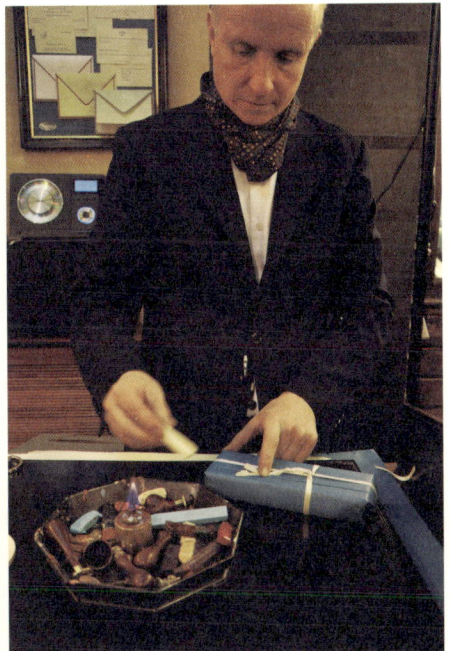

# *4*
## 特別なカードや名刺を活版印刷で

**BROGI**
ブロージ

美しい紙と美しい文字、その文字と文字の余白にまで心にしみいるような美しさを感じる活字印刷。

長い時間を経てきたものだけが持つ息をのむような美しさを湛えた、もの、技術、文化を、イタリアでは身近なところで目にすることができます。そしてそれを職人が継承し、さらにはそれらを美しいと思い、作り手も使い手もともに愛しているというのは、本当に素晴らしいことだと思います。

ここでは、美しすぎる活字が、フォント別、サイズ別に引き出しに整列していて、そこからピンセットで一文字一文字、活版に並べられ、印刷されるのです。

名刺やショップカード、自分のイニシャル入りのレターセット、結婚式の招待状などなど。ブロージさんが手がけた印刷物をサンプルとして見ることができますが、印刷物という枠を越え、どれもこれも美しいものばかりです。印刷する紙や用途に合わせて、フォントを選んだり、いっしょにデザインを考えたりしてくれますが、心地の良いクラシカルな堅さをうまく表現してくださるので、お任せしても大丈夫。

日本では難しい筆記体での活字印刷も、加工も、すべての作業を一人でこなしているので、少し時間はかかりますが、オーダーメイドも可能です。

*Brogi*
Via Masaccio, 23/r 50132 Firenze
TEL 055-581221　http://www.tipografiabrogi.com
Brogiは残念ながら閉店してしまいました。

# 5
## ドゥオモが見える図書館
**BIBLIOTECA DELLE OBLATE**
ビブリオテカ・デッレ・オブラーテ

フィレンツェの町の中心(チェントロ)に、ほんとうは秘密にしておきたい素敵な図書館があります。フィレンツェ市立オブラーテ図書館。

13世紀当時は修道院として使われていたこの図書館は、美しい回廊やファザード、天井を生かしたまま図書館としてオープンしました。聖母マリアが描かれた壁画は、そのまま子供たちのための絵本部屋に残されていますから、間近で見ることもできます。

けれどこの図書館の一番の魅力は、フィレンツェのシンボル、ジョットの鐘楼を従えたドゥオモのクーポラをテラスから望めることだと思います。ただただ、圧倒されるばかりのクーポラが、ルネサンスの頃と変わらぬ屋根や壁の色とともに目の前に佇む、言ってみれば普段着のドゥオモが見える図書館なのです。

この場所から見えるドゥオモが、私はもしかしたら一番好きかもしれません。

私がそう思う以上にフィレンツェっ子は、もっとこの場所がお気に入りなのでしょう、仲間や先生とPCを広げて勉学にはげむ学生、テラスに出て友人と語らう愛読家、孫と一緒に絵本を読むおじいちゃん、コルビジェ・デザインの革張りのソファーに身を埋めて新聞、雑誌を広げる人、いつも館内は上手にこの場所を利用している人たちでいっぱいです。

それにこの図書館のカフェがまた、びっくりするほどいいのです。ドゥオモのクーポラが間近に見えるオープンカフェ、開放的なテラスから見えるルネサンスの景色。さらには夜の12時までオープンしているこの図書館に合わせて、カフェも夜12時まで営業しているのですから、なんだか夢のようだと思いませんか。

*Biblioteca delle Oblate*
via dell'Oriuolo 26 50122 Firenze
TEL 055-2616512
http://www.bibliotecadelleoblate.it/

# 6
## 王家に愛されたかわいらしいお菓子
**AMARETTI**
アマレッティ

アマレッティというイタリアのお菓子をご存じでしょうか。
イタリアのお菓子アマレッティは、マカロンの原型ともいわれるお菓子で、アーモンドプードルを使った焼き菓子。
メディチ家のカテリーナ・デ・メディチがフランスに嫁いだ際に、持っていったアマレッティのレシピがマカロンへと進化したのだそう。
マカロンのようなかわいらしさのあるお菓子というよりは、こちらは田舎ふうな仕上がり。柔らかいもの、サクッとしているもの、リキュールの効いているものなど、種類もいろいろあります。
ワックスペーパーで、まるでキャンディーのようにラッピングされているアマレッティは、お土産としてもよろこばれそう。

# 7
## トスカーナの色
### COLORE DELLA TOSCANA
コローレ・デッラ・トスカーナ

旅に出たら、あの建物がみたい、あの空がみたい。
窓にはどんなカーテンがかかっていて、ベランダにはどんな花が飾られているのか覗いてみたい。
たとえば普通の家の古いドアや呼び鈴、洗濯物の干し方のような、たしかにそこで暮らしていることが感じられる、小さな日常に触れることができたなら、旅先とは思えない穏やかな気持ちになれるかもしれません。

フィレンツェを訪れたなら、誰もが一度は見てみたいと思うフィレンツェの町並みが一望できるミケランジェロ広場。

この景色を見たあとにぜひ、サンミニアート・アル・モンテ教会の方へ、ガリレオ・ガリレイ通りの並木道を進んでください。
少し歩いていくと、右手にオリーブ畑に囲まれた、トスカーナの家の連なりが見えてきます。
トスカーナ色の壁の家と緑のルーバー。
こんな家に住んでみたい！　そんな景色が広がっています。
この道を下っていくと、ドゥオモが見えたりするので、お散歩にはうってつけ。
トスカーナ色の壁を眺めながら Viale Galileo をさらに進むと、右手に Via Erta Canina の文字が見えてきます。その道を下っていくとミケランジェロ広場へ続く Via del Monte alle Croci につながります。ただしこのへんは人通りが少ないので夜は気をつけて。

# 8
## 昼だけ食堂のフライドポテト

**GOZZI**
ゴッツィ

安く美味しく食べられる貴重なトラットリア「Gozzi」は、昔から変わらないスタイルで、地元の人々に今も昔も変わらず愛されています。

じつは、このトラットリアは、フィレンツェ観光の中心、サン・ロレンツォ広場にあります。近所のお店はみな、流行りにしたがって様変わりしているのに、なぜこんなにスタイルを崩すことなく続けることができるのだろうと、ずっと思っていました。

ある日その答えがわかりました。

この店は、広場の脇にある青空市場の露店のテントやお土産物の屋台の陰になって見えにくいのです。観光客でごったがえす、世界中の人におなじみの名所にあるけれど、知っている人しか知らない、それがこのトラットリアが昔ながらの食堂である理由なのではないかと。

だからこのお店にいくときはいつも、裏トラットリア的な気分。

お昼だけの営業ということもあってか、ちょっと特別感があります。

陰に隠れたトラットリアですが、店内に入るとわいわいと賑わっています。高い天井に、ベンチ式の長いす、真っ白なテーブルクロス。掃除が行き届いた緊張感のある空気、食事をする人たちのカトラリーとお皿のおいしそうな音が聞こえてきます。入り口付近の壁に、黄色いわら半紙に黒マジックで書かれているのが、その日のメニューです。ちょっと読みづらい字だけど、店内に入って席についたら、早口で一気にこのメニューからどれにするか聞かれますから、まずはチェックしておきましょう。

前菜は、頼まれれば用意はするけれど、このトラットリアは基本的にみんなプリモ（パスタやスープ類）からスタート。メニューの説明も本日のパスタソースを説明し始めるはずです。そしてメインという具合に注文しています。お料理はすべてシンプルで素朴なトスカーナ料理。豆のスープや、パンのスープ、家庭の食卓に

よくのぼるような料理も食べられます。

ところでテーブルについてまわりを見渡すと、ある法則に気がつくでしょう。
ここに座るほとんどの人が頼んでいるメニューがあるのです。
それが Patate Fritte (パターテ・フリッテ＝フライドポテト)。
メイン料理の付け合わせ、という位置づけのメニューなのですが、なぜかみんな大好き。
とってもおいしいのです。
昼だけ食堂のフライドポテト。ぜひお試しあれ。

***Trattoria Gozzi***
Piazza S.Lorenzo 8/r Firenze
TEL 055-281941
オープンは 11：00〜15：00

# 9
## 持ち帰ってしまうジェラート屋さんのエコスプーン
**GROM**
グロム

ジェラートを注文するときに、フレーバーを悩むと同時に考えなければならないのが、コーンかカップか、ということ。
食べにくいから絶対にカップと言う人もいるでしょうが、私は、ジェラートな気分になりたいという理由から、コーンを選ぶことが多いです。
で、コーンで頼んだにもかかわらず、「パレッティーナ（スプーン）もください」と言い添えます。
お行儀よく食べて、コーンも楽しんでしまおうという魂胆。スプーンを使わず、ぺろりとすれば、いいのでしょうが、やっぱり一本頂きます。

ジェラート用のスプーンは、プラスチック製で、一度使ったらポイっとごみ箱行き。
でも、最近になってGROMのスプーンがエコなbiodegradable（バイオディグレイダブル）な素材に変わりました。
GROMジェラートで使われているフルーツはすべて自社のオーガニックファームで収穫したものだけ。昔ながらの古い品種を選び、自然環境にも配慮した自家農園をもつGROMだからこその、エコな取り組みなのかもしれません。
GROMの看板や、カップなどに書かれている、"il gelato come una volta" 昔のようなジェラート。
ジェラートの味わいだけでなく、きっと彼らは、自然と寄り添った暮らしをしていた、"あの頃"を大事にしているのかもしれません。
そのまま捨てても、土に返るスプーンなのだけれど、このエコスプーン、デザインが良すぎて、土に返すのではなく、家に持ち帰ってきています。

### *Grom*
Via del Campanile Angolo Via delle Oche 50012 Firenze
TEL 055-216158

# *10*
## オーガニックマーケットへ行こう！

**FIERUCOLA**
フィエルコーラ

24

毎週第3日曜日、サン・スピリト広場で、あるいは、9月から12月、サンティッシマ・アンヌンツィアータ広場で、オーガニックマーケットが開催されます。これはトスカーナ近辺の農家さんが、自然にやさしいものばかりを直売する青空マーケット。

季節によって、冬の市、種の市、夏の市、穀物の市、パンの市、陶器の市、オリーブオイルの市、クリスマスの市と、テーマが決まっているマーケットです。

有機野菜はもちろんのこと、パン、お菓子、チーズ、ワイン、オリーブオイル、はちみつなどの食材や、毛糸、陶器、オリーブの枝の籠、石鹸、ハーブ、おもちゃ、などなど。

なかには野の草7種を、それぞれ仕切られた箱に入れて売っているおじさんなどもいます。あれもこれも試したくなってしまう、とっても楽しいマーケット。このオーガニックマーケットに参加している農家さんにはアグリツーリズモを運営しているところもありますので、町を離れて田舎を訪ねてみると、いつもと違うイタリアが楽しめるかもしれません。

**Piazza Santo Spirito**　地図 p156 参照
**Piazza SS. Annunziata**　地図 p157 参照
http://www.lafierucola.org/

# *11*
## 世界最古の薬局
### OFFICINA PROFUMO-FARMACEUTICA DI SANTA MARIA NOVELLA
サンタ・マリア・ノヴェッラ薬局

地図でサンタ・マリア・ノヴェッラ教会の広場を探して到着するまではたやすくとも、この薬局を見つけ出すのは意外に難しいかもしれません。
世界最古の薬局と言われているくらいだから、さぞかし大きな間口で、遠くからでもすぐにわかるだろうと想像をしていたら、一瞬でその場を行き過ぎてしまいそうです。それほど小さな店構えですが、重厚なガラス扉を押し、一歩足を踏み入れ、中へ中へと進めば進むほど、今までの不安は期待に変わります。

800年の歴史を感じる店内は、さまざまなハーブの香りに包まれています。昔も今も同じような香りを感じられるのだと思うと、なんとなく癒されます。
当時の修道士たちが処方した商品はいろいろありますが、私のおすすめは、イリスの花の歯みがき粉。イリス以外にも、ペパーミント、スペアミント、クローヴ、シナモンなどのハーブやスパイスが、昔ながらのリチェッタ（レシピ）で調合されています。そして昔なつかしい金属のチューブ。研磨剤の入っていないこの歯みがき粉を、ブラシにつけてみると驚くかも。
それは買ってみてからのお楽しみ。

すべての商品が並んでいるわけではないので、片言でも会話をしながら、いろいろな商品を試していきます。石鹸がほしいのですが、といえば、引き出しから全種類の石鹸を出してくれて、香りを嗅ぐことができるし、化粧水はありますか？と話しかければ、アドバイスをくれるはず。
ヨーロッパ的お買い物が楽しめます。お土産に可愛い缶に入ったミント味のラムネドロップもおすすめ。

*Officina Profumo-farmaceutica di Santa Maria Novella*
Via della Scala 16 50123 Firenze
TEL 055-216276　　毎週水曜日は展示室が一般公開。古道具や小さな図書館（観覧可）もあり

# *12*
## 宝石のパニーニ

**PROCACCI**
プロカッチ

「フィレンツェらしさを感じられる場所」といわれたら、まっさきに思い浮かべるお店のひとつが、ここ「Procacci プロカッチ」。フィレンツェを訪れたなら、誰もが歩くだろう Via Tornabuoni は、ついついおしゃれなブティックに目を奪われてしまいがちですが、「Procacci」はこの通りにある、創業1885年のパニーノテカです。

パニーニといっても、生ハムやトマト、ポルケッタなどの定番のパニーニを想像してはいけません。

ここでいただくパニーニは、上品な一口サイズの、しかもトリュフ風味のパニーニ。

これをお目当てに訪れる場所なのです。

聞けば、フィレンツェに、初めてトリュフを持ち込んだのがこの「Procacci」なのだとか。

以来、トリュフの香りを閉じ込めたこの小さなパニーニを求めるフィレンツェっ子で店内はいつも賑わっています。

パニーニだけでなく、厳選された高級食材やワインも扱う店内では、上品なシニョーラ、それにエレガントな紳士が、スプマンテや白ワインを片手に、静かに談笑し、楽しむエノガストロノミア。

ほどよい緊張感があって、またこの緊張感が心地よい空間です。

たまにはそんな場所に、そっと佇み、時間を過ごすのもいいものです。

その場でコンディメント（調味）をしてくれるトマトジュースも秘かな人気。

*Procacci*
Via Tornabuoni 64/r 50123
TEL 055-211656

# *13*
## ドゥオモとともに時をきざむ表札屋

**CARTELLI NANTE**
カルテッリ・ナンテ

その住所はドゥオモ広場。ブルネレスキが作り上げた偉大なドゥオモのクーポラを見上げる人々で賑わうこの広場に、こんなに静寂に満たされた、時が止まったような場所があるとは思いもよらないかもしれません。

静かにたたずむこの場所に、時にはくわえ煙草で小さな本を読み、たまに、ドゥオモがある光の射す方向を眺めるコスタンティーノ。

見えているのかいないのわからないくらい使い古した、まあるい眼鏡をかけた彼が、この店、表札屋の店主です。

高い天井からのランプが一つ、古いカウンターに座るコスタンティーノだけを照らす。

壁には大きなアルファベットが飾られていたのでしょう、今ではその文字はないけれど、焼けた跡だけが暗闇に浮かび上がっている。

数えきれないほどの表札は、埃をかぶりその存在は控えめではあるけれど、美しさはその上からでも十分に感じられる。

ここへ来るとすべての条件が重なり合って、過去を幻想してしまうのです。

弁護士の表札、住所を表す数字、ブロンズ、真鍮、ホーローのアルファベット、額縁や絵や呼び鈴などが、まるでmuseo（ムゼオ＝博物館）のように、今ここにあるべき理由をわかっているかのように、それらもまた時を刻んでいます。

1879年という祖父の時代からこの場所に続く看板・表札屋。

タイムスリップしたようなこのお店は、これからもドゥオモの横で、そっとこのまま時を重ねて欲しい、そう願わずにはいられない場所です。

*Cartelli NANTE*
*Piazza del Duomo 52/r 50122* TEL *055-2396002*
＊でも残念ながら、取材後その願いが叶わぬことを知りました。コスタンティーノがこの場所の時を止めたのだそうです。

...RE SMALTATE PER CRISTALLI

amplifon
SORDITA

PROF. DOTT.
M. MONTAGNANI

STUDI
TECNICO COMMERC
PIACEN
RECAPITO | DOMENICA e GIOV
| MARTEDI 15

CASSA

Dr. M. CAR...
MEDICO CHIRU
MALATTIE IN...

SALA INTERNA

36

Vietato ai Minori
di 18 anni

3    120    3    63

PRIVATO  BAGNO  W.C. TOILETTE  BAGNO  TOILETTE

VIETATO
ENTRARE

# *14*
## ゆっくりと一息つくときは
**PALAZZO STROZZI**
パラッツォ・ストロッツィ

フィレンツェは小さな街なので、ついつい街を歩き回ってしまいます。チェントロ（町中）にはちょっと笑っちゃうような、かわいらしい8席しかないミニバスが走っているけれど、ここはイタリア、いつバスがやってくるのか分からない。時刻表はあるにはありますが当てにならないような気がして、ついつい歩いてしまうのです。

この町には広場はあっても公園はそう多くないので、歩き疲れてちょっと座りたいとなると、だいたいはカフェかBARへ、ということになりますが、そんなときに行ってみるところがあります。

それは、Palazzo Strozziの中庭。Palazzo Strozziはメディチ家のライバルでもあったストロッツィ家の邸宅で、今は美術館になっています。この美術館の入り口が、めざす中庭。優雅なアーチに囲まれるようにたたずむこの庭園は、ひとりでゆっくりするのにふさわしい空間です。

ここが美しいのは灯りがともされる夕刻。アーチのドーム、白壁の濃淡、立体的に浮き上がる廊下の天井はずっと眺めていたくなるかもしれません。

*Plazzo Strozzi*
*Piazza degli Strozzi 50123 Firenze*
http://www.palazzostrozzi.org/
カフェも、本屋さんもあります。地図 p156参照

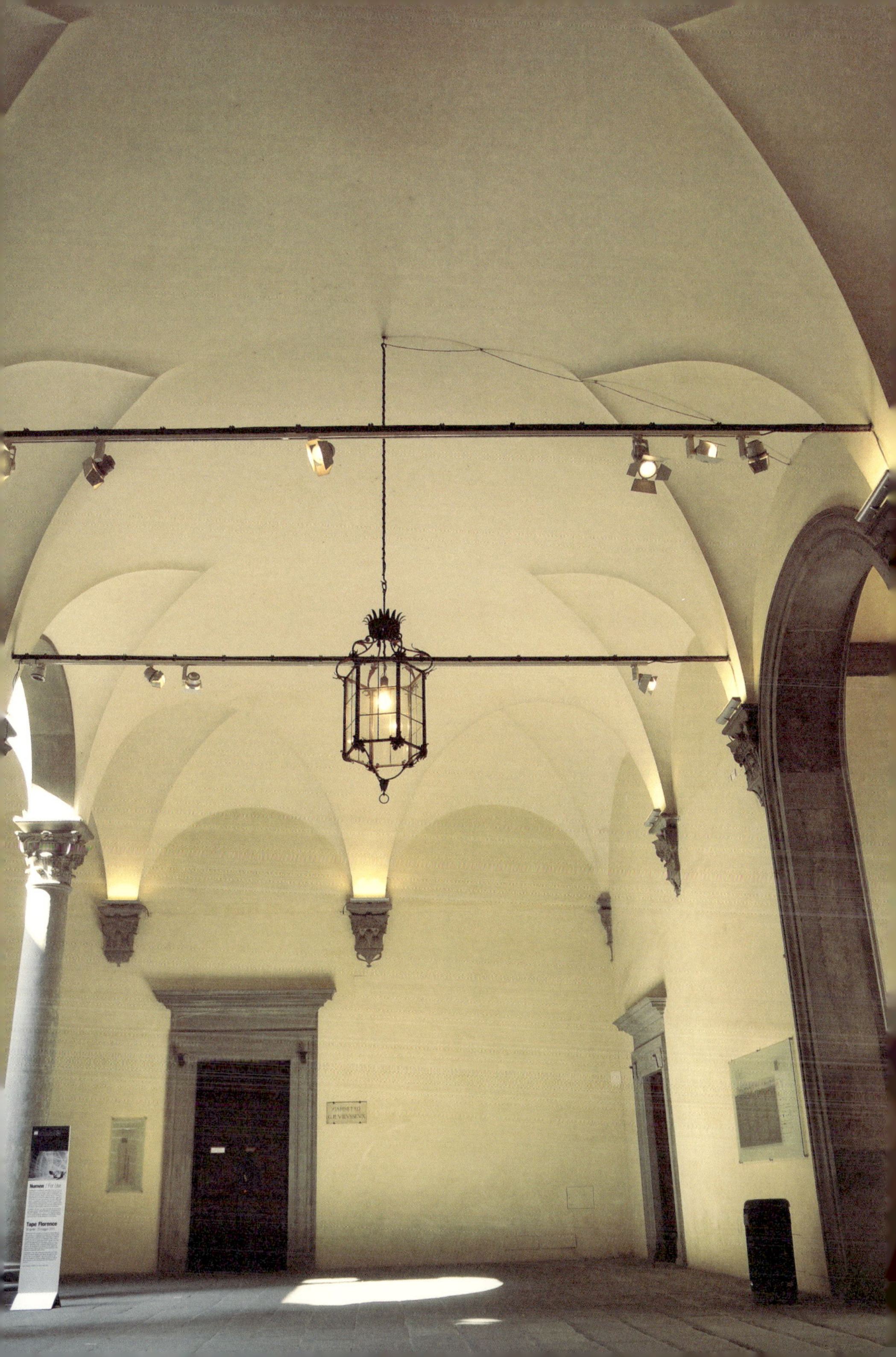
Numen / For Use
Tape Florence

# *15*
## 不思議においしい、つるつるペンネ
**PENNE LISCE**
ペンネ・リッシェ

イタリアのスーパーに行くと驚くこと。それはトマト缶の種類の多さと、パスタコーナーが広いこと。あー、やっぱりイタリアなんだと思う瞬間です。
とくにパスタは各メーカー、いろいろな種類のパスタがありますが、ちょっと試していただきたいものがあるのです。
それは、ペンネ。
「いまさらペンネ？？」
そんなこと言わないでください、だってお勧めのペンネは、ソースを絡めるためのあの縦スジが入っていないつるつるなものなのですから。
この触感がいいのです。つるりとしていて、ちょっぴり肉薄。
どんな感じにソースが絡むのか、まずはお試しを。

名前はPenne Lisce。「lisce リッシェ」と書かれているペンネをお探しください。

# *16*
## マグロのトロが缶詰めに
**TONNO VENTRESCA**
トンノ・ヴェントレスカ

イタリアのツナ缶は美味しい（！）というのをご存じでしょうか。お魚の味がするし、それにオリーブオイル漬けだから風味も豊かで、誰もがそのおいしさに驚くはずです。
日本のツナ缶に比べたらもう充分なくらい美味しいのですが、ツナ缶だけで満足していただくのも困ります。なぜならイタリアには、トロ缶というのも存在するのですから。その名の通り、マグロのトロの部分だけを使って作られたツナ缶。しっとりとろりで柔らかでふんわり。
どうぞ、ツナ缶コーナーで、探してください。
「Ventresca　ヴェントレスカ」と書いてあれば、それはトロ缶です。

# *17*
## 美食の国のマヨネーズ
**MAIONESE**
マイオネーゼ

日本のお宅の冷蔵庫に必ずあるマヨネーズ。

イタリアでは、お馴染みとはちょっと言いがたい存在です。

この国では、マヨネーズは、新鮮な卵とワインビネガー、オリーブオイルを混ぜ合せ、使うたびにつくります。おまけにサラダに添えられるものではありません。サラダを食べるときは、塩、胡椒、ワインビネガー（もしくはバルサミコ酢）とご自慢のオリーブオイルを運んできます。サラダはこれらを好みでコンティーレ（味つけ）します。

サンドイッチを作るときは、マヨネーズを塗ることはなく、生ハムやサラミ、トマト、サラダなど素材をサンドするだけ。

イタリアでマヨネーズを使うというのは、お肉などをいただくときのソースとしての感覚。

最近では手軽に家庭で使えるものとして、瓶に入ったマヨネーズが売られています。この肉のためのソースのマヨネーズ、日本のマヨネーズと比べてもなかなかおいしいと思うのです。

とても自然でやさしくて、手作りっぽい味わいで。

美食の国のマヨネーズ。ご試食ください。

フィレンツェのチェントロ（町中）にある、1860年創業のスーパーマーケット「Pegna　ペーニャ」で買うことができます。

41

## *18*
## エッセルンガの pizza 生地
**PASTA PER PIZZA**
パスタ・ペル・ピッツァ

エッセルンガ（ESSELUNGA）はイタリアの大型スーパーマーケット。
イタリア語で「S」はエッセ、「LUNGA」ルンガは長いという意味。
「Sが長い」というその名前の通り、スーパーマーケットのロゴは確かに「S」
が長くなっています。
このマークを目印に探してください。

どこを旅してもスーパーマーケットを見て回るのは楽しいもの。
なぜなら、その土地ならではの面白いものがたくさんあるから。
私が、これはすごい、便利、と思ったのは、このピザ生地。
トマトソースと具材、チーズがのった丸形ピッツァで、そのままオーブンに入れ
て焼くだけのものもありますが、これは生地だけがパックに入っているもの。
冷蔵品の売り場に売っていて、これはまた低温発酵でおいしいし、何より便利。
合理的だわと思ったものです。

たとえば、急にお客さんが来ることになったとき、この生地にトッピングすれば
あっというまにピッツァができるし、ピッツァじゃなくてもローズマリーとお塩
とオリーブオイルで焼きたてフォカッチャにもなるし、もしキッチン付きのアパー
トに泊まったなら、小さなサイズで丸めてトースターやオーブンで焼いてしま
えば、朝に焼きたてパンが食べられる。
なんて素晴らしいのかしら。
う～ん、ここはやっぱりおいしいイタリアです。

43

## 19
## たかがスポンジ、されどスポンジ

**SPUGNA**
スプーニャ

突然ですが、質問です。
「お宅のお鍋の底の裏、今すぐ、見せてくれますか？」
私は、残念ながら、はい、とは答えられません。
でもイタリア人なら、「もちろん！」とすぐさま答えてくれるでしょう。
きれい好きで知られるイタリア人。私の友人たちのキッチンにある鍋も、みなぴっかぴかで、汚れた鍋なんて見かけたことがありません。
では次の質問。
「なぜ、イタリア人の家の鍋が、みなきれいなのでしょうか？」
答えはスポンジにあります。
イタリア製のスポンジの、なんと使いやすいこと！
鍋用のスポンジだけでなく、食器用のスポンジも、びっくりするくらい使いやすいのです。
握ってみると手に馴染み、きゅっと縮んできゅっと戻る。
これがまた、なかなかに丈夫で、うれしくなるスポンジ。
たかがスポンジ、されどスポンジ。
お土産にも喜ばれます。

45

# 20
## おばあちゃんのエプロン
**GREMBIULE**
グレンビュウレ

おばあちゃんのエプロンがかわいい！
イタリアンマンマの象徴のようなエプロン。

その村に一、二軒しかないような、小さな洋服店でしか売っていないので、エプロンといえば、おのずとみんなこれ。村のおばあちゃん御用達のエプロンです。

体のわりに小さめのデザイン、
どれもカラフル花柄模様、
ふっくらおばあちゃんの愛用率高し、が三つの法則。

エプロン姿のおばあちゃんを見かけると、さらに、そのエプロンに赤いトマトのシミなんてあったりしたら、きっとお料理上手なんだろうなぁと、すぐにおいしいパスタが目に浮かんできます。
そう、ふっくらおばあちゃん、というのも納得してしまうような。

クラシックな前掛けデザインは、ひいおばあちゃんの代から御用達。
サッカー選手のようなゼッケン風、スモック風、かぶりスタイルは50年代のもの、そして60年代デザインのワンピース型は、前ボタンと紐の二パターン。
ワンピース型エプロンは、夏になるとワンピースとして着ているおばあちゃんが多くて、聞いてみると、涼しくていいのだそうです。

おばあちゃん、万歳。エプロン、万歳。

47

# *21*
## 全員集合！
**BUSTA**
ブースタ

48 　イタリアの「紙もの」を集めてみました。色や、デザインは、やっぱり特別。
　　最近は買い物をすると、ビニール袋に入れてくれることが多くなったとはいえ、
　　日本と比べるとまだまだ紙袋は健在です。
　　パンを買えば、茶紙袋に入れてくれる。
　　文具を買っても、紙袋。
　　いつも買っている八百屋さんも、そういえば紙袋。
　　お肉屋さんのセロファンつきの包み紙は、子ブタの絵が入っていたっけ。

ゴム版で押したようなフルーツ店の紙袋は、
まるで絵本の一ページのようです。

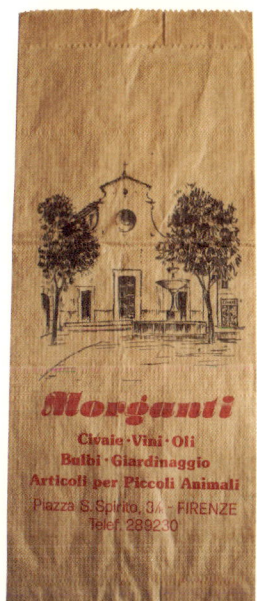

【上左】ダ・アメリーゴの紙袋はリズムが感じられるポップなデザイン。【上中】八百屋さんの紙袋。この厚手のわら半紙はイタリアではよくあるタイプ。【上右】真ん中がセロファンになっていて中身が見える紙袋。パン屋さんのもの。【下左】Aiutiamo la Natura、自然を助けよう！のメッセージとシンボルの樫の木があしらわれた紙袋。【下中】サント・スピリト教会の目の前にある園芸用品店 Morganti の紙袋。【下右】高級スーパーマーケットの老舗ペーニャの紙袋。文字が緑色なのはなぜか紀ノ国屋と同じです。

【上】イラストの通り、お肉、チーズ、サラミなどを包むイタリアではポピュラーな包装紙。裏はセロファンになっています。【下左】修道院のジャムを買ったらこんなにかわいい包装紙に包んでくれました。【下右】エルボステリアの包装紙。1870年創業のお店の構えは今も同じ。

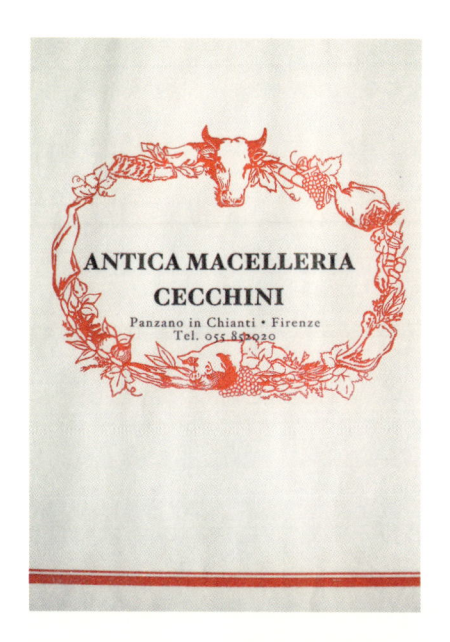

【上】チェッキーニの紙袋は牛とそれが料理されたイラストが芸術的。【下左】「おいしいですよ」といわんばかりの豚ちゃんが誘う肉屋のセロファン付き包装紙。【下右】こんなかわいい袋に入れてくれるなら毎日でも通ってしまいそうな、こちらも肉屋のセロファン付き包装紙。

# 22
## パステル色の紙文具屋さん
### ANGELA SALAMONE ARTIGIANATO & DESIGN
アンジェラ・サラモーネ・アルティジャナート・エ・ディセーニョ

フィレンツェの東側にあるサンタンブロージョ青果市場。
市場のざわめきに気を取られていると、ついつい見落としてしまいそうな広場の角っこに、色紙文具屋さんがあります。
足を一歩踏み入れたなら、たくさんの色に包まれて優しい気持ちになれると思います。
この色とこの色を組み合わせて、と考えるだけでわくわくしてきますが、素材としての紙だけでなくて、シンプルな文具もそろっていて、まるで小さなパステルカラーの美術館のようなショップです。
たくさんの色、たくさんの紙に囲まれた工房が手掛ける文具は、一つ一つ手作りで、シンプルなものであれば5日でオーダーメイドでも作成してくれるそう。
たとえば子供が描いた絵を、色の紙とマッチさせて、額をつくる──そんな希望にも応えてくれます。
素直で斬新な発想やアイディアのこの店は、フィレンツェらしいというよりは、イタリアらしい紙屋さんなのです。

**Angela Salamone Artigianato & Design**
Piazza L.Ghiberti 16/r (mercato S.Ambrogio) 50122 Firenze
TEL 055-2346811

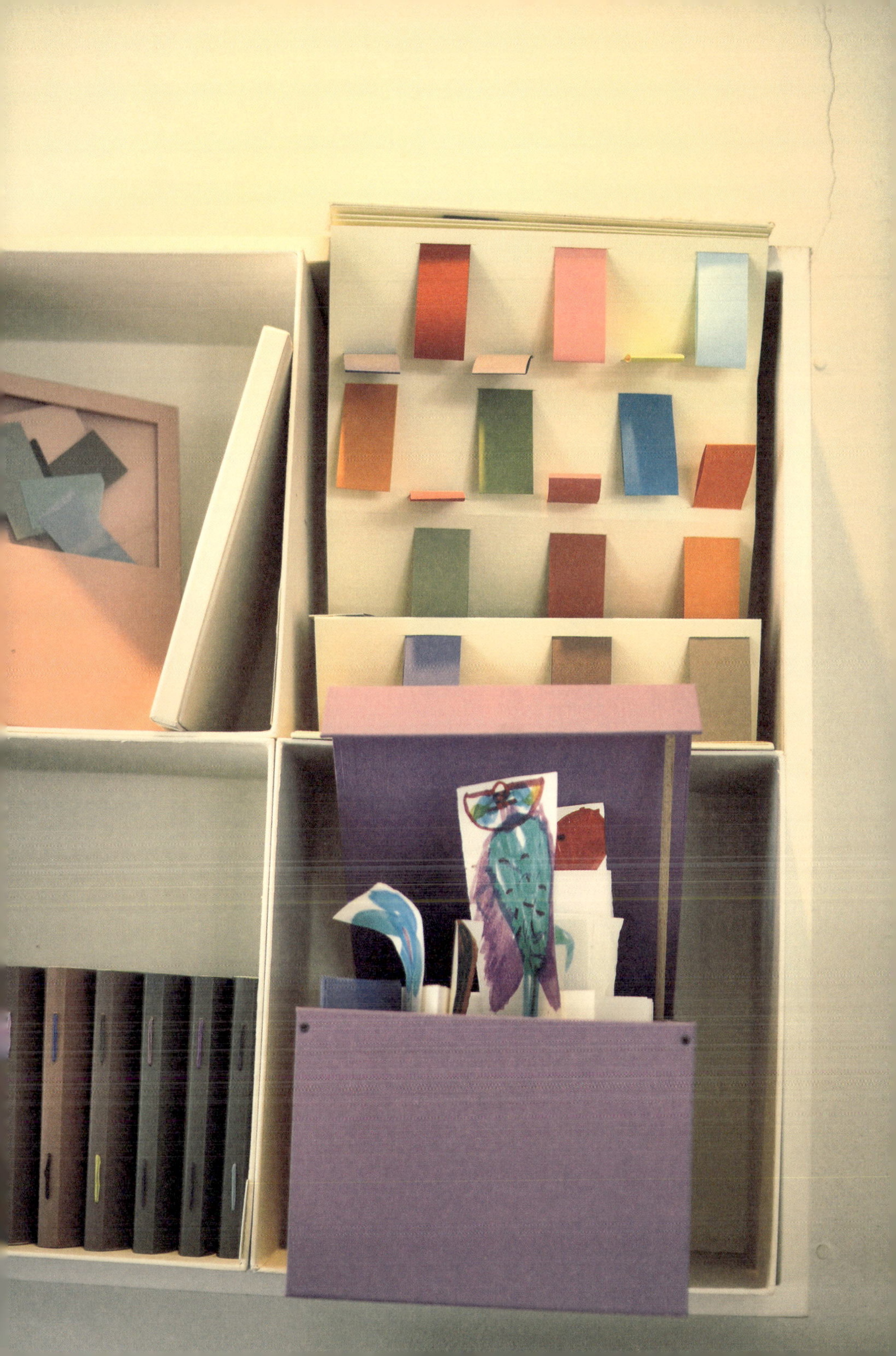

## 23
## 万能！ 黄色いわら半紙
### CARTA GIALLA
カルタ・ジャッラ

トスカーナに来たら、どこかで一度は見かけるかもしれない、この黄色い紙 Carta Gialla (カルタ・ジャッラ)。昔なつかしい、イタリアのわら半紙です。

このカルタ・ジャッラ、何がいいかというと、文具用ではなく、台所で使う紙としてたいそう優れものなのです。

実はこの紙は揚げ物を受ける油切り用。そう、キッチンのためのわら半紙なのです。わら半紙という素材からサラミやチーズを保存するにも最適。ラップで包んでしまうとカビてしまいますが、このカルタ・ジャッラなら、程好く空気を通し、上手に熟成もしてくれるのです。

カルタ・ジャッラはわら半紙とはいっても、しっかりとした厚みがあるので、多少くしゃっとなっても、繰り返し使えるから、環境にもやさしい。

トスカーナの食堂、トラットリアやオステリアでは、ランチョンマットやカトラリーバッグとして利用しているところも、昔からたくさんあります。

カルタ・ジャッラは、わら半紙だからといって、文房具屋さんで売っているわけではありません。

日用雑貨屋さん、もしくは紙屋さんで、量り売りをしています。秤に載せて目方を量ってもらって買ってきます。

**Baldacci**
*Piazza del Mercato Centrale 5/r 50123 Firenze*
TEL 055-292065
品揃えは抜群のかなーりディープなお店……。
でもカルタ・ジャッラは、わりと小さなお店でも扱っています。
たとえばサンタンブロージョ市場の日用雑貨屋さん「Mesticheria Fratelli Mazzanti」にも。

55

# *24*
## 一瞬だけの美しさ
**PONTE SANTA TRINITA**
サンタ・トリニタ橋

アルノ川にかかっている橋で一番美しいと思うのがこのサンタ・トリニタ橋。この橋のVia Tornabuoni側、しかも橋のたもとからの景色をみるためにいつも足をとめます。三つのなだらかで大きな曲線の美しさとその迫力に少しどきどきしながら、気持ちはまるで船に乗り、そのアーチを潜っているような。

街全体がルネサンスの博物館のようなフィレンツェには、美しい建築物が山ほどあります。ドゥオモやヴェッキオ宮のように贅をこらした荘厳さに圧倒されることもありますが、川の上に広がる空や川面に映る建物を眺めていると、しみじみと美しく、密かに心が震えます。

サンタ・トリニタ橋から川上方向には、ヴェッキオ橋、反対にはアッレ・グラツィエ橋。とくに美しいのはルネサンスの色に溶け込んだ夕焼け。

夕刻の時間だけ姿をあらわす、水辺のフィレンツェ。

**Ponte Santa Trinita**　地図 p156参照

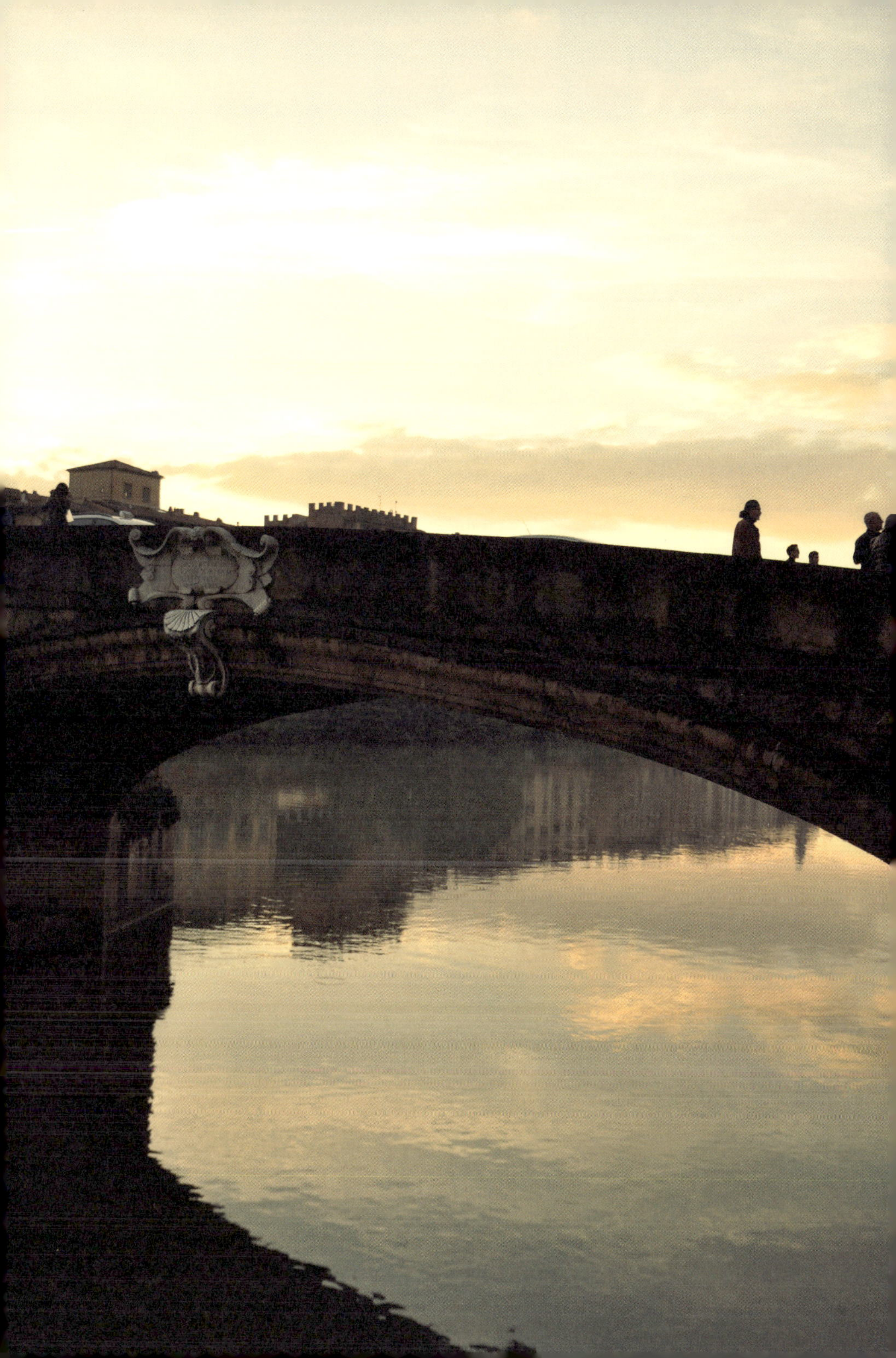

# 25
## それぞれが気ままに
**OLIO & COMVIVIUM**
オーリオ&コンヴィヴィウム

街のなかでもフィレンツェっ子が好きなゾーン、オルトラルノ。とくにサンタ・トリニタ橋を渡ってすぐのところにあるサント・スピリト地区は、小さな工房やこだわりの小さなショップが建ち並ぶゾーンです。ここ「Olio&Comvivium」はエノガストロノミアというスタイルのお店。フィレンツェでは老舗のデリカテッセンで、レストランとしても利用することができます。

生ハムやサラミ類、チーズなど、厳選された食材が並んでいるほか、手打ちパスタもお菓子も日替わりのお料理を楽しむことができ、さらにこれらはテイクアウトできてしまう、何ともうれしいお店。

品のいいご婦人が買い物に来ていたり、週末のケータリングの相談をしている人もいれば、ワインをボトルで頼み、ゆっくりランチをしている人もいる。

ちょっとした手土産をセレクトしに来ている人もいる。

ここはフィレンツェという街の人たちの、もっとも暮らしに根づいたガストロノミーが垣間見れる場所。

*Olio & Convivium*
Via Santo Spirito 4/r 50124 Firenze
TEL 055-2658198
http://www.conviviumfirenze.it/

PANE FRESCO

## 26
### 店主の審美眼に触れるために訪れる
### アンティークショップ

**LUCA**
ルカ

イタリアではお店の名前として自分の名前をつけているところが多いのです。
「アンナのお店」とか「ジャンカルロのトラットリア」とか。
さらには、「Via Maggioreのフランコのお店」なんて具合に通りの名前までつけたりして。
しかもイタリア人の名前のバリエーションはそれほど多くないので、「アンナの店」と言ってもどの「アンナの店」なのか、そこから会話が始まったり。

このお店も、店主の名前を冠した「Luca　ルカ」。
フィレンツェ、サント・スピリト地区ヴィア・セッラーリにあるアンティークショップです。
この辺りはアンティークショップが軒を連ねていますが、「Luca」は、毎日出物を探しに通うのではなく、少し間を開けてそっと覗きに行く定点観測地点のような場所です。
なぜなら、ある日突然まったく想像もつかないディスプレイへと変身するから。
ドキッとするような色使い、大胆な見せ方。そして学ぶことは無限大。
ここは古物屋というよりは、ルカの作りだす世界を感じに行くところなのです。
通い始めてもう10年以上。自分の価値観の許すものしか選ばない彼の妥協のない美意識に、どれだけ刺激を受けたかわかりません。
それほど多くを語らない彼が、ある日言いました。
「古物と共に変わる自分がいるんだ。修復の好みも変わるし、そうだな、少しずつ理想に近づいている気がする。好みも変わる。それが面白いんだ」と。
古物の魅力に魅せられている人には、彼が語るそのニュアンスや感覚がわかるかもしれません。そして私もわかりました。彼のこのショップが、彼の名前「Luca」でなければならないのか、が。

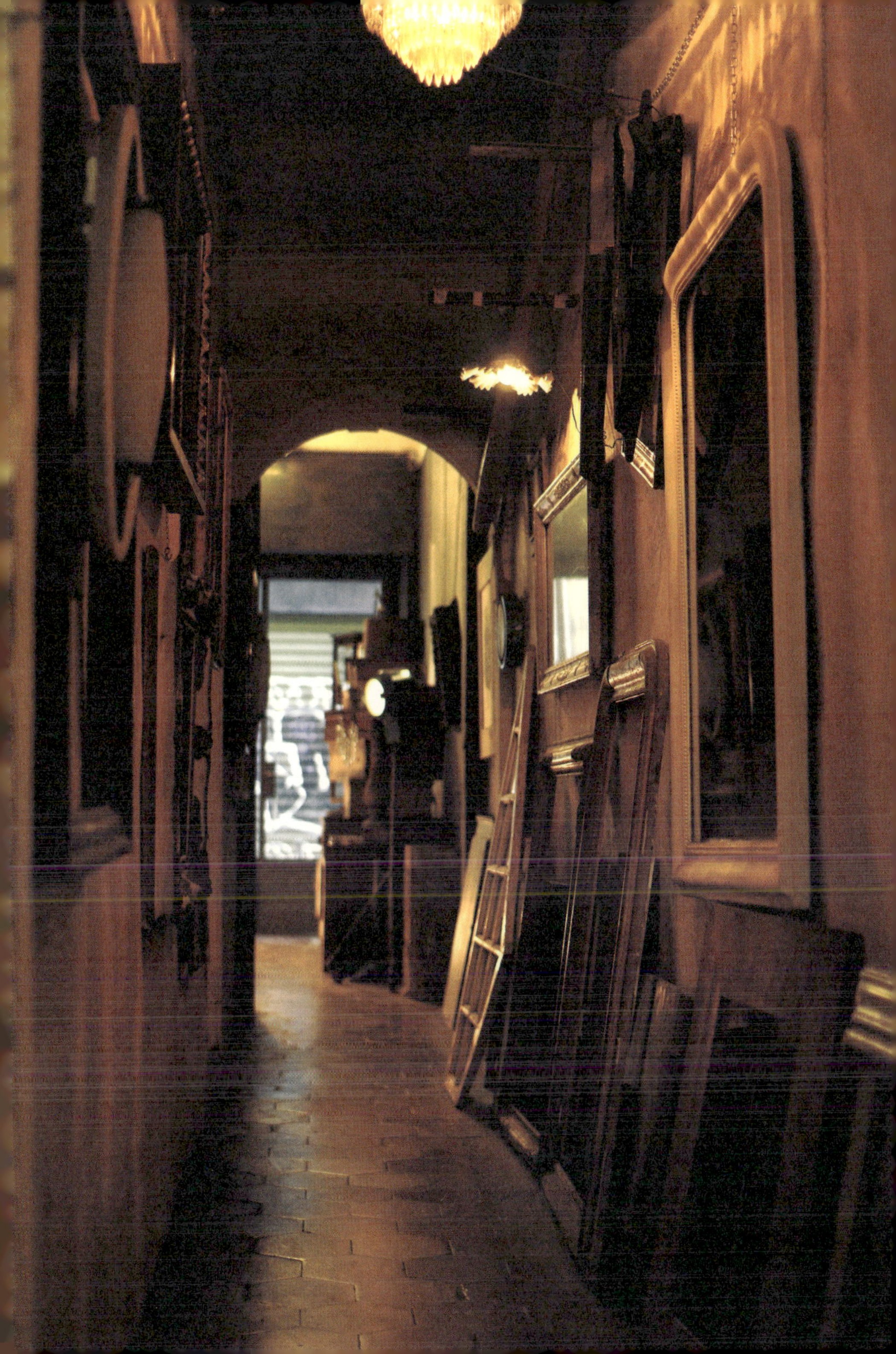

62

**LUCA**
Via dei Serragli 16/r 50124 Firenze
TEL 055-2398857

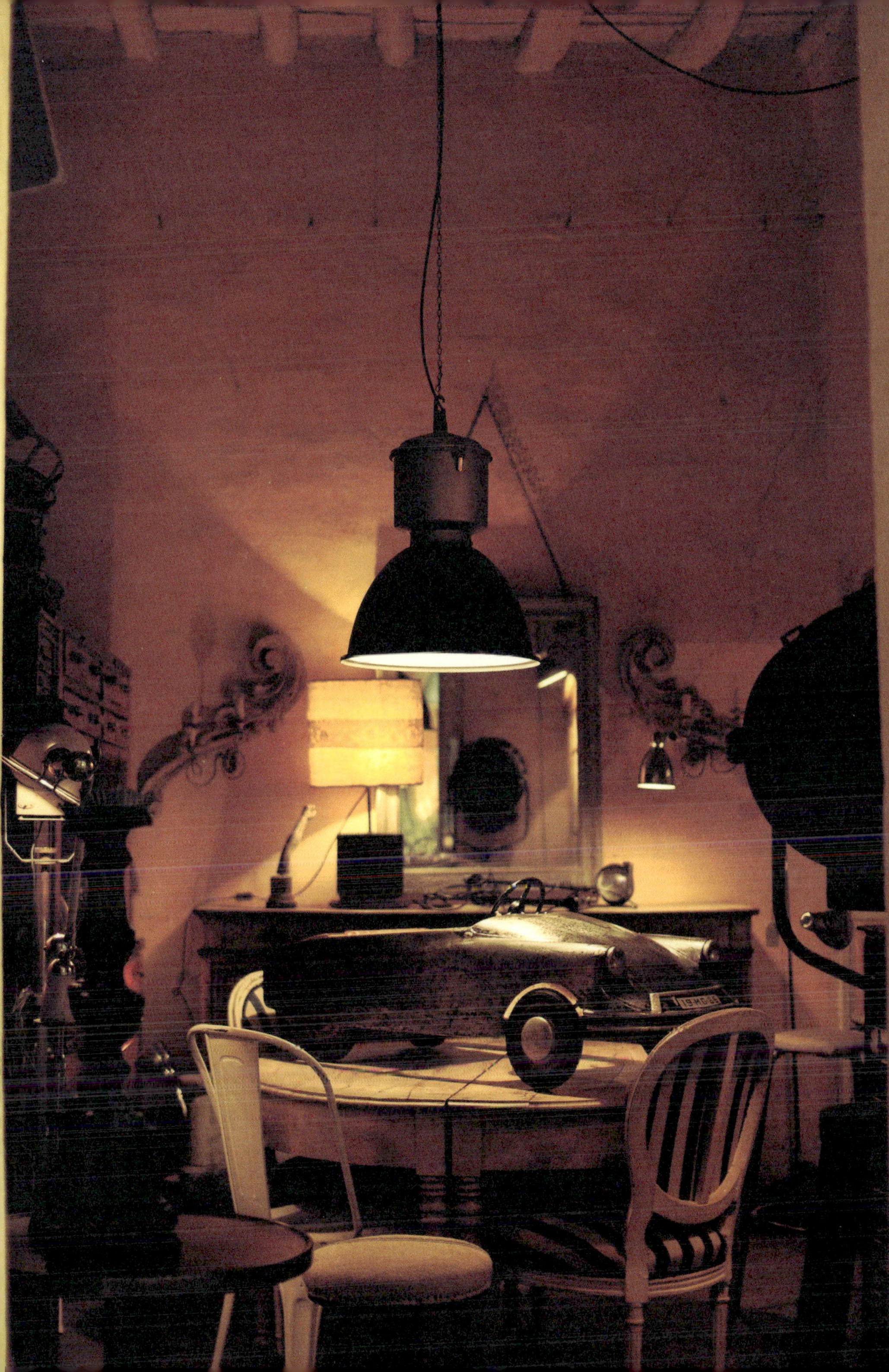

# *27*
## 三人姉妹のクローゼットのような店
**QUELLE TRE**
クエッレ・トレ

フィレンツェの街を歩いていると、わっ、おしゃれ！と思う女性を見かけます。おしゃれの思考回路が違うのではないか？と思うくらい、はっとするデザインと組み合わせ。何が違うんだろう。いつも観察してしまいます。やっぱりここはモーダの国です。

「Quelle tre（クエッレ・トレ）」あの三人！という名前の洋裁店。
あの三人とは、チェチーリア、ルチアーナ、クリスティアーナのことで彼女たちは三姉妹、そう、自分たちのことをお店の名前にしたのです。
着てみて初めてわかる、かわいいラインのワンピースやキュロット、かわいい大胆な形のバッグや、エプロン、帽子、アクセサリーなど、カラフルな色使いとアイディアで個性的なものばかりが並びます。
上質な麻やコットン、コーデュロイ生地を使った彼女たちがデザインする洋服は、大人服はもちろんですが、子供服がまたかわいすぎて、夢が膨らむばかりです。
まるで映画に出てきそうな三姉妹の洋裁店。

*Quelle Tre*
Via Santo Spirito 42/r 50125 Firenze
TEL 055-219374

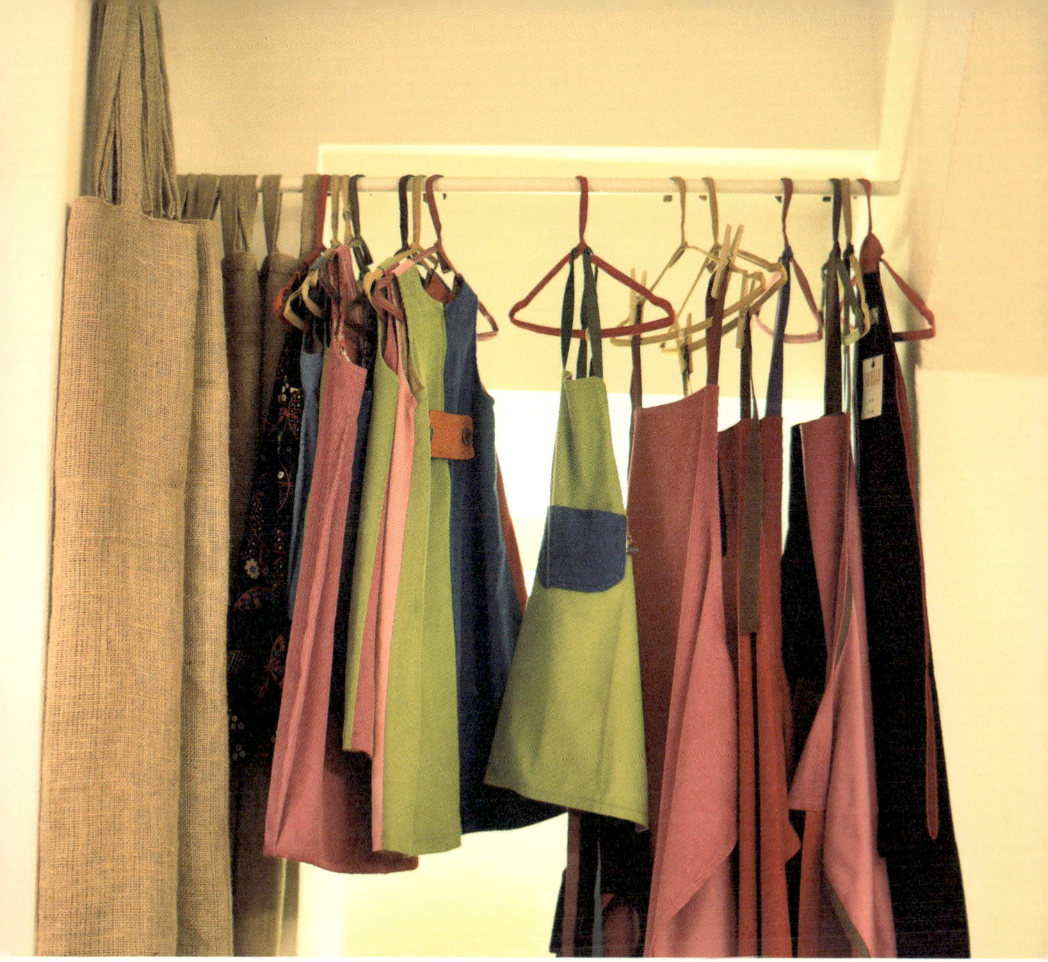

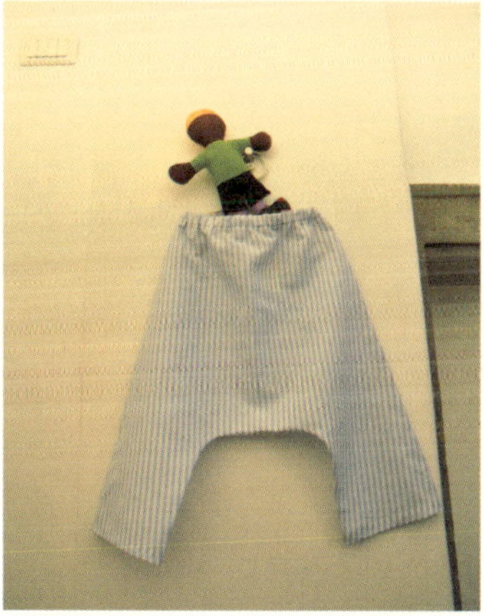

# *28*
フィレンツェ料理なら

**ALLA VECCHIA BETTOLA**
アッラ・ヴェッキア・ベットラ

フィレンツェの中心から少し離れた、城壁沿いにある「Alla Vecchia Bettola」。
店内は、田舎風な大理石のテーブルに丸椅子、食卓には黄色いわら半紙のランチョンマットが敷かれている、今や珍しくなった、味も雰囲気も楽しめるトスカーナな食堂です。ここでは、席に着くなりフィアスコ瓶のキャンティワインが出されます。

トスカーナの生ハム、フィノッキオーナ、サラミ、ソプラッサータとトスカーナ風のクロスティーニ。まずは、この地に来たら味わわなくてはならないトスカーナの前菜盛り合わせ。
そして、次はぜひベットラ風のペンネを。ここでしか味わえない、絶品ペンネがあるのです。ほんのりクリームの入ったピリ辛の濃厚トマトソースで、しかもこのソースにこのペンネじゃなくちゃという絶妙な関係。そう！ここでのペンネはつるつるペンネなのです。これだけは絶対外せない、このお店の看板メニュー。

座るやいなや目の前に置かれたフィアスコ瓶のキャンティワイン（ハウスワイン）は、緑のコップで飲んだ分だけお会計。
ちょっとわくわくする食堂です。

*Alla Vecchia Bettola*
Viale Vasco Pratolini 50124 Firenze
TEL 055-224158
http://www.allavecchiabettola.com/

67

## 29
## 松の実は子供たちのおやつ
**PINOLI**
ピノーリ

日本のものに比べると、ちょっと、いえ、だいぶ大きいイタリアの松ぼっくり。
花びらのような一つの笠に、殻つきの松の実の粒が一つ。
松の実はこんなところについていて、しかも一粒一粒堅い殻に守られているだなんて、思いもよりませんでした。
一つの笠に限定二席。松ぼっくり一個に開いた笠は二十前後だから、取れる松の実の数はそれほど多くない。
松の実の居場所を発見した時は、なんだか妙に嬉しくなりました。

前から気になっていたのです。ある時期になると、子供たちがこぞって公園で何かを探しているのです。
それは小さな殻つきの松ぼっくりでした。
手のひらを真っ黒にしながら、握りしめ、次に石ころを探して殻を割ると、一粒の松の実をぱくり。
「あれ、その木の実？」
「ピーノだよ」
そう、それは松の実でした。
子供の頃どんぐりを探しだして、壁に擦りつけ殻を削っては、木の実を取り除いて、小さな船や笛を作ったものだけれど、それがイタリアでは松の実。
イタリアの子供たちは、遊びながらもこんなに美味しいものを食べているなんて。
ちょっぴり羨ましく思ったりします。

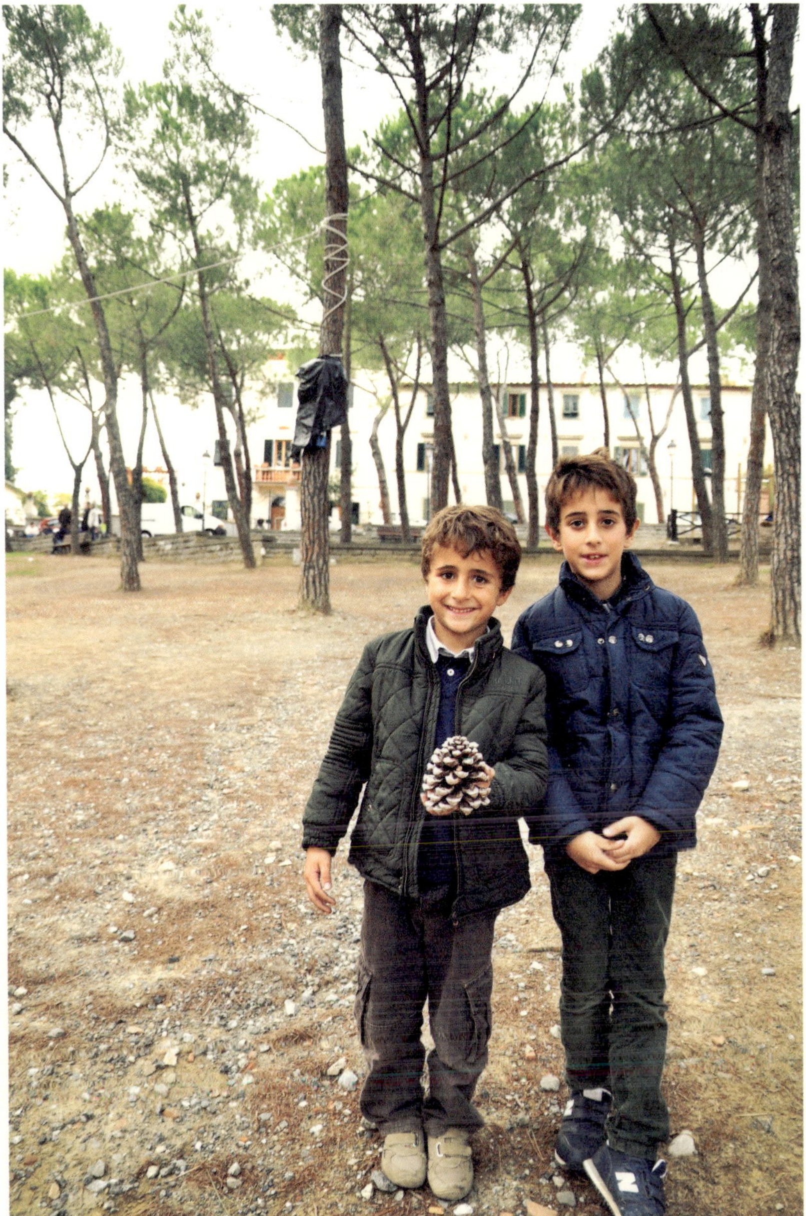

# *30*
## 寄らずにはいられないインテリアショップ
**RICCARDO BARTHEL**
リッカルド・バルテル

フィレンツェ南に位置するPorta Romana（ロマーナ門）近くに、一軒のインテリアショップがあります。Riccardo Barthel——それはインテリアショップというよりは、住宅総合展示場のようなところで、もしもあなたが家を建てるなら、すべてがここで揃う、そんなショップです。

広い敷地には、キッチン、浴室、寝室、などが実際にディスプレイされていて、それを見てまわるだけで、タイル、床、ドア、ドアノブ、蛇口、照明、家具、生地などなど、「住」という空間に必要な物がひとつ残らず手に入る、それはそれは素敵な空間。

このショップの素晴らしいところは、品揃えが豊富なだけにとどまりません。たとえばタイル専門のデザイナー、ファブリックものだけのデザイナーなど、それぞれの分野のデザイナーがいつもいて、さらには新品はもとよりアンティークまで在庫を常備しているのです。またそれを修復する工房まで併設されていて、修復の職人さんもいるのですから、じつに理想的な夢のような場所です。

Porta Romanaはフィレンツェから帰り道には必ず通る南門。
忙しいから今日はやめておきたい、というときでもやっぱり立ち寄ってしまう場所。そして改めて、暮らしに古いものを取り入れることが、ここヨーロッパでは普通なことなのだ、と気づかせてくれる場所でもあるのです。

*Riccardo Barthel*
Via dei serragli 234/r 50124 Firenze
TEL 055-2280721
http://www.riccardobarthel.it/

71

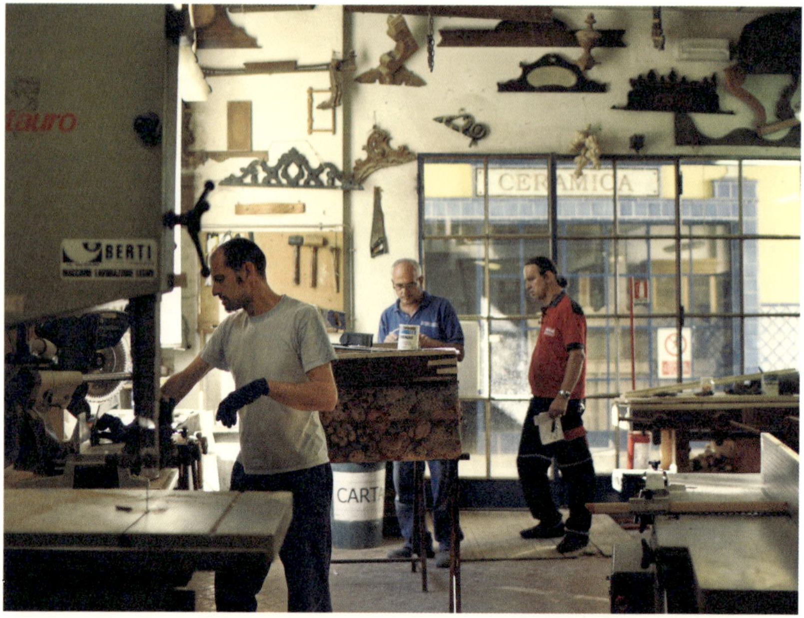
CERAMICA
BERTI
CARTA

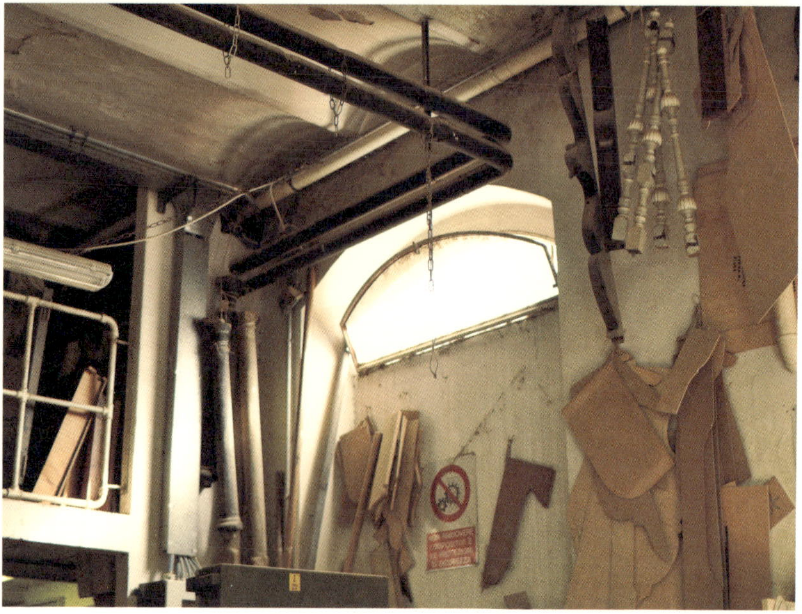

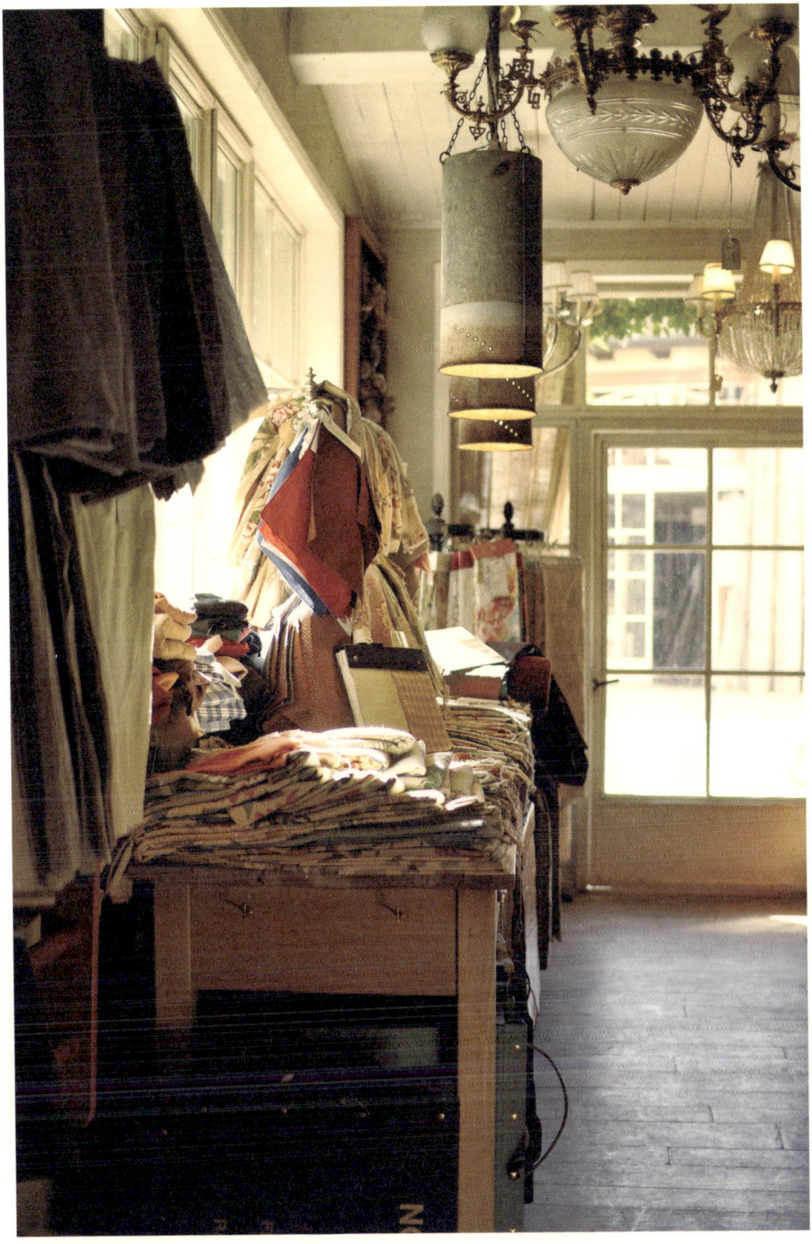

## *31*
### ひらひらパスタの歴史
## PAPPARDELLE DI SAN LORENZO
パッパルデッレ・ディ・サン・ロレンツォ

「パッパルデッレ」まるで呪文のような名前を持つのは、トスカーナでよく食べられる幅広パスタです。きしめんのようなタリアテッレの3倍、いいえ、ときには5倍くらいの幅の、平麺パスタ。
よく、しっかりと煮込んだ猪のラグーや野ウサギのラグーでいただきます。
わが家で常備しているのは、隣村のパスタ工房「Fabbri」(→項目62参照)のもの。よく見てみると、「Pappardelle di San Lorenzo 聖ロレンツォのパッパルデッレ」とネーミングしてあります。あるとき、「Fabbri」のジョバンニに聞いてみました。「どうして聖ロレンツォなの?」と。

聖ロレンツォは、貧困者の救済に熱心で、自分の食べ物を困っている人に分け与えていた人だそうで、フィレンツェの副守護聖人として愛されています。
今では、ショッピングをする観光客たちで賑わうVia Borgo San Lorenzo。その昔はパン屋やパスタ工房が集まる通りだったそうです。この地区では8月10日に開催される聖ロレンツォの夏祭りが近づくと、職人たちは薄く伸ばしたリボン状のパスタやパンで店内を装飾しました。さらには聖ロレンツォの人となりにならい、その飾りつけのパスタやパンは無料で振るまわれたそうです。リボン状のパスタとは片側だけにヒダがある平たいパスタ、そう、このパッパルデッレ。でもこの幅広パスタのことを、当時の人々はラザニアと呼んでいたので、今では8月10日のサンロレンツォの夏祭りでは、ラザニアとスイカが振るまわれます。
人々はラザニアと呼ぶけれど、実際はパッパルデッレというわけ。聖ロレンツォの祭りのパッパルデッレ、まさにパッパルデッレ・ディ・サン・ロレンツォ。つまり、これはパスタの守護神にささげられたパスタなのです。

75

# *32*
## 16時のボンボローネ
**BOMBOLONE**
ボンボローネ

「16:00 Bombolone」
こんな看板をドアに下げているBARを見たことはないでしょうか。
これは「夕方の4時頃、揚げたてのボンボローネがありますよ。」という印です。ボンボローネは、た〜っぷりのカスタードクリームが入った揚げドーナツ。どこか昔なつかしのドーナツです。時間が告知された看板は「より美味しい」に、こだわる人のためのちょっとした目印だったのです。

この看板があるBARのボンボローネは、どこも揚げたてなのです。
だったら、美味しいボンボローネ選びの目印は看板だけでよいのでしょうか。
いえいえ、もうひとつあります。やっぱり、中に入っているカスタードクリームでしょう。きちんと自家製で、卵の味がするカスタードクリームを作っているところを選ぶ、これを忘れてはいけません！

でも、なぜわざわざ「自家製の」なんて書くのかしら、とあなたは思われるかもしれません。じつはイタリア人は、少しわざとらしい、甘いバニラの香料が好きで、この香りがするドルチェ（お菓子）を出すところが意外と多いのです。何年たってもこの香りに慣れない私は、卵ならではの自然な香りのカスタードクリームを入れたボンボローネを求めて、ずいぶん歩き回ったものです。
もしも、カスタードクリーム抜きのボンボローネが食べてみたいと思ったら、プレーンなリング型のドーナツ「チャンベッラ」もあります。もちろん、こちらもおすすめです。

77

## *33*
## 秘密のアンティーク・ショップ
**MONICA LUPI**
モニカ・ルーピ

「Monica Lupi」は、かつてディスプレイをのぞくために、わざわざ回り道をするくらいお気に入りのアンティーク・ショップでした。
いつもひとり、椅子に座り、鼻からずれ落ちそうな眼鏡をかけながら本を読んだり、友人とおしゃべりしたり、時には編み物をしながら店番をしているのは、小柄な白髪のシニョーラ・マーラ。
ショップにディスプレイしてある商品について聞いてみたくて、初めて話しかけてみたのも、もうかれこれ10年以上も前のある日のこと。
いつ訪れても、そのショップでのマーラの姿が、まるで物語の一ページをみているかのようで、そんな歳の重ね方に憧れを抱いていたのかもしれません。
マーラがセレクトする古物は、どこかトスカーナ、いいえ、どちらかというとフィレンツェの匂いがするような気がして、このショップを訪れるたびに充実した気持ちになって帰ってきたことを今でもよく覚えています。

ある日、「今度、娘がいるマガジーノ（倉庫）へ行ってみなさい。きっとあなたにとっていいものがあると思うわよ」とマーラ。
その娘さんのいるマガジーノ（倉庫）は、マーラが店番をする小さなショップから一本細い裏路地にあり、こちらはとても広々とした場所でした。エントランス兼中庭にはガーデンチェアが山積みにされ、所狭しと並ぶたくさんの家具、そしてやはり併設されているのはアンティークの工房。シニョーラ・マーラがここに行ってみなさいという理由がすぐにわかりました。そしてここだけでは終わりません。このマガジーノ（倉庫）とは別に、プライベートコレクションも並ぶ、彼女モニカのスタジオも隣の建物にありました。ここは、建築家とのコラボレーションで古物をコーディネートする仕事場ですが、その空間の美しいこと。
ここはまるでプライベート美術館のようです。ドア一枚隔てた向こうに、こんな理想の世界が広がっているなんて。きっとだれも想像もできません。

*Monica Lupi*
Via Luna 20 50121 Firenze
TEL 055-676128
ほかに Via Gioberti 98/r にショップがあります。

# 34
## ジェラート屋さんのクレマカッフェ
**GELATTERIA VIVOLI**
ジェラッテリア・ヴィーヴォリ

どこの店にも裏メニューというものがありますが、それがもしジェラート屋さんにもあるとすれば、試してみたくなるものです。

めざすはサンタ・クローチェ教会近く、ヴェルデ劇場の裏にある老舗ジェラテリア「Vivoli」。裏メニューは、たくさんのフレーバーが並ぶジェラートコーナーにはありません。

併設されているBARで、あたかもカッフェ（エスプレッソ）を注文するかのように、カウンターへ。

そして一言、「クレマカッフェをください」。

すると、シニョーラは昔ながらのジェラート用保冷ジャーの蓋を開け、冷えたカプチーノ用のカップを取りだします。

そのカップにバニラ味のジェラートを壁をつくるように張り付け、そこへ濃厚なエスプレッソの一番濃いところだけをすばやく注ぎ入れます。

これがクレマカッフェ。

いわゆるアッフォガードですが、この濃厚な味のバニラジェラートで作ったカップの中に、濃厚なエスプレッソを注ぐのが「Vivoli」風。

決め手はやはり何と言ってもジェラートの滑らかさ。

ここはフィレンツェのジェラッテリアといえば、必ず名の挙がる老舗ジェラート屋さん。最高のジェラートだからこそのアッフォガードですから、お味は格別。ここでなければ味わえない味なのです。

**Gelatteria Vivoli**
Via Isola delle Stinche 7/r Firenze
TEL 055-292334
4月から10月　7:30〜24:00（日曜日は9:00オープン）
11月から3月　7:30〜21:00（日曜日は9:00オープン）

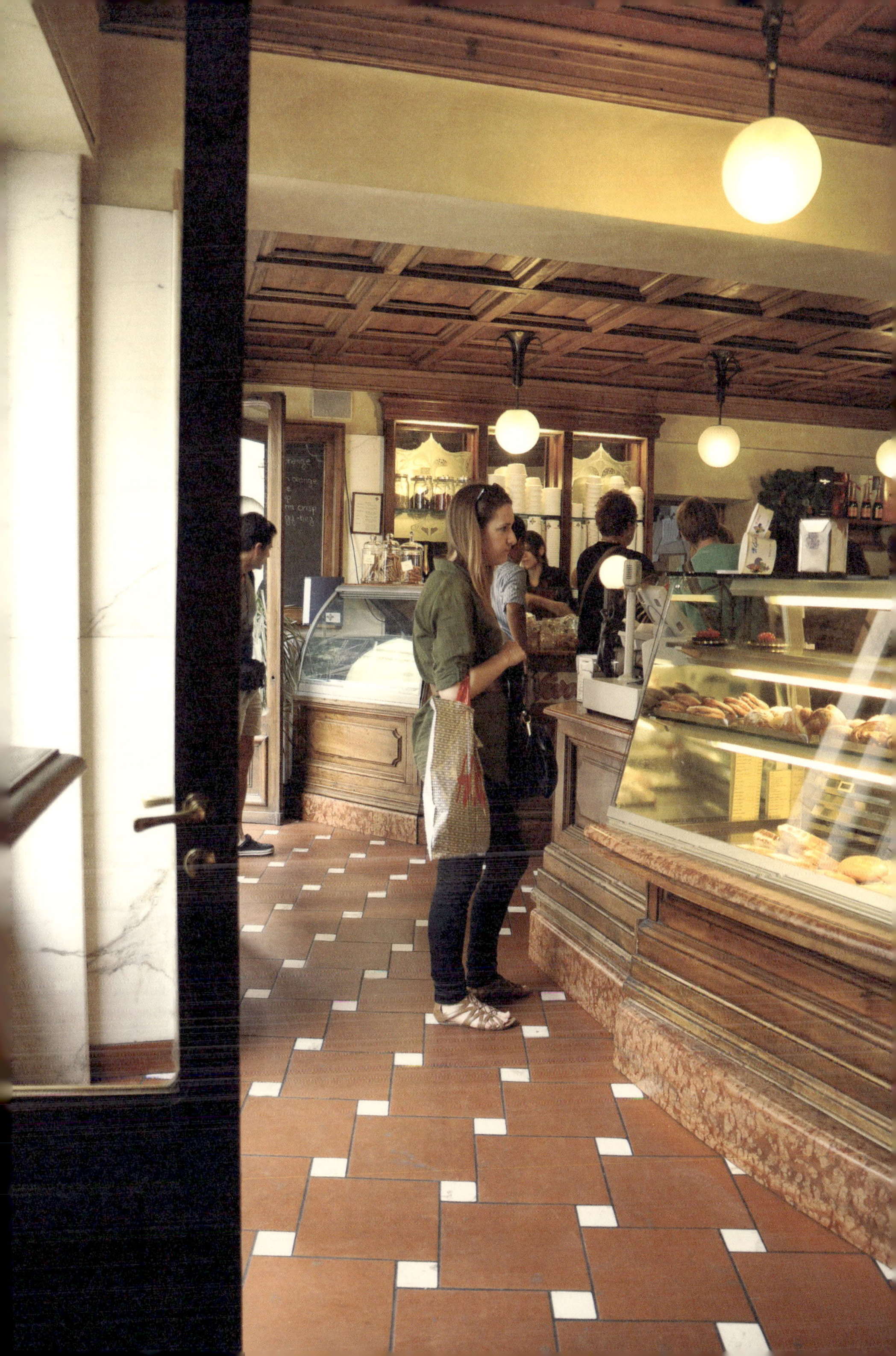

## *35* 気持ちのよい自然派薬局
**DR.VRANJES**
ドットール・ヴラニエス

フィレンツェの街中には、まるで博物館のような薬局が多いような気がします。とくに、エルボリステリア（→項目41）と呼ばれるハーブ薬局には、薬草だけで作られた薬やナチュラル化粧品やフレグランスなどが数多く取り揃えられています。だから、つい長居してしまいがち。
中でもBorgo la Croce通りにある「Dr.Vranjes」はとくに素敵なものがそろっているように思えて、時間があると立ち寄る薬局です。
たとえば、衣類の虫よけエッセンスは、ラヴェンダとタイム、ミントの香り。コットンやリネン、木のボールなどにこのエッセンスを含ませて、洋服ダンスにしのばせておくというもの。すーっと心地よい香りにリラックス。
古い家具の四隅にこのエッセンスを垂らしておいても効果的だとか。
また、カナパ（ヘンプ麻）のオイルボディーシャンプーもおすすめです。
アンティーク市でリネンばかりを扱っているシニョーラが、「カナパという素材は、オーガニックだから赤ちゃんに一番いいのよ」と話してくれましたっけ。
この心地のよいカナパのオイルを原料にしたボディーシャンプーは、癒されるような香りと、しっとりとした使い心地。
ヨーロッパの気候がいくら乾燥していても、これがあれば大丈夫。
お土産をさがしたいならポプリはどうでしょうか。
このお店のポプリは乾燥させた月桂樹に香りをつけたもの。
フィレンツェで一番大きな中古車屋さんは、すべての中古車にこのポプリを忍ばせているのだとか。なんだかフィレンツェっ子らしいアイディアです。

*Dr. Vranjes*
*Via Borgo la Croce 44/r 50121 Firenze*
TEL 055-241748

83

## *36*
### フィレンツェ料理の名店が作ったビュフェ形式の劇場
**TEATRO DEL SALE**
テアトロ・デル・サーレ

フィレンツェでは誰もが知っているトラットリア「Cibreoチブレオ」。
サンタンブロージョ地区にある「チブレオ」は、伝統的なフィレンツェ料理を再現していることで知られています。
だからここのメニューにパスタはありません。
パスタがないなら、何が出てくるの？　スープや裏ごしした料理がこの店の名物ですが、それがどのようなものなのかは、ぜひ訪れて味わってみてください。

ところで、この「チブレオ」オーナーのファビオ氏が、店の向かいに「Teatro del Sale」という会員制のシアターを作りました。チブレオの料理をビュッフェスタイルで楽しみ、その後劇やミュージカル、イベントを楽しむ劇場スペース。食べて楽しむ、笑って感じる、が一つの空間で実現できるなんて、幸せすぎます。

それにこのシアター入り口にはちょっとしたショップがあるのです。そこにはチブレオ自家製のトマトソースやピクルス、ジャム、その他厳選された食材、絵本やキャンドル、石鹸など、ファビオ氏のセレクトのセンスが光る品々が並びます。
さらにもう一つ、ここが素敵なのはこの空間インテリア。
古いものが好きな人ならば、ちょっとわくわくするディスプレイです。

**Teatro del Sale**
Via dei Macci 111/r 50122 Firenze
TEL 055-2001492
「teatro del sale」は会員制ですが、入り口にあるこのショップは誰でも入ることができます。シアターの方は誰もが5ユーロで会員になれますので、劇場でイタリア語のスペッターコロを楽しむのもいいかもしれません。
http://www.edizioniteatrodelsalecibreofirenze.it/

MARIA CASSI

## *37*
## 食べずには帰れないスローフード
### TRIPPAIO SERGIO
トリッパイオ・セルジオ

フィレンツェに来たら、ぜひ食べていただきたい屋台フード。
なかでも名物といえば、やっぱりトリッパとランプレドットでしょう。トリッパは牛のハチノスのトマト煮、ランプレドットは牛胃（ギアラ）の香味野菜煮。どちらもフィレンツェの伝統の味で、臓物の煮込みですが、街のところどころにある屋台で気楽に食べることができるフィレンツェのスローフードです。
なかでも、やっぱりセルジオおじさんのが一番。ある周期で無性に食べたくなるセルジオさんのトリッパは、はまる味。ほんとうにおいしいのです。
サンタンブロージオ市場の近く、チブレオ（→項目36）の前に店開きしているセルジオの屋台は、お昼どきともなると地元の人でにぎわいます。
とろりと柔らかくて、うまみの乗ったトリッパは、ぱりっとした皮のロゼッタというパンでサンドして食べます。もし、トリッパのトマト煮ではなく、もっとディープに、と思う方はぜひランプレドットを。スープをたっぷり含んだランプレドットを細かくカットしてくれます。こちらもロゼッタでサンドしてくれますが、味付けは好みに合わせて調味してくれます。塩、胡椒、イタリアンパセリのグリーンソースとピリ辛ソース。全部入れてもらう場合は、「コンプレート」と言えば、よい案配で仕上げてくれますし、塩、胡椒とイタリアンパセリとピリ辛ソース少し、なんていう細かいオーダーにも快く応えてくれます。コップワインを片手に手軽なランチにはぴったりです。
そしてこちらは応用編。トリッパをおかずにパンとワインというふうに楽しみたいなら、「バスケッタとロゼッタね」と言えば、別々に盛ってだしてくれます。
フィレンツェの味を、地元の人のようにぜひとも味わってください。
ちなみに、こんな屋台ではありますが、スローフード協会の折り紙つきです。

*Trippaio Sergio Pollini*
Via dei Macci 50122 Firenze

87

# *38*
## バラの花びらの砂糖菓子
**ROSE CANDITE**
ローゼ・カンディーテ

このバラの花びらのお菓子を知ったのは、私のお気に入りの、どのパスッティッチェーレ（お菓子屋さん）でも、ガラス瓶に入って量り売りされていたから。
よく見てみると、なんと本物のバラ！
茎も花びらも、砂糖漬けにしてしまう美しいお菓子だったのです。
バラをそのままお菓子にしてしまいたい、砂糖漬けにして香りを閉じ込めてしまいたい、というこの気持ち。わからないではありません。

ひとくち、口に含むと、ぱりっ。
その後には、あのバラ香り。
あまいゆるやかな香りがほわりと広がります。
そう、それは春先のどこからか吹く風に漂ってくる、バラの香りにも似ています。

バラの他に生のスミレやミントを使ったお菓子も。
100g、14〜15ユーロです。

*Robiglio*
Via dei Servi 112/r 50122 Firenze
TEL 055-212784

89

## 39
バターをラベル買い！
**BURRO**
ブッロ

特別に、考え抜かれているような感じも受けず、
狙っているようにも思えない、ラフな、気楽な感じのデザインなのに、
ストレートにかっこいいイタリアのデザイン。
フードデザインでいえば、なぜかバターのパッケージが気になります。
四角いバターを包むペーパーパッケージ。
その乳からバターが作られる牛たちがいる場所を想像させるものだったり、ハーモニーや味わいを想像させるものだったり。はたまたこれはおいしいそう、と思わず手にしてしまいそうなパッケージだったり。
ラベル買いのバター。なかなか楽しいものなのです。

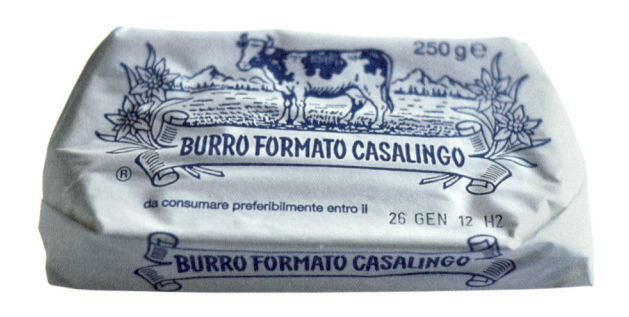

# 40
お土産にベーキングパウダー
**LIEVITO IN POLVERE**
リエビト・イン・ポルヴェレ

イタリアのお土産といえば？　ワイン、オリーブオイル、パスタ……、どれもこれも重いものばかりですが、スーツケースの重量は大丈夫？
軽いものがよい、となると、ドライトマト？　あるいはドライポルチーニ？
何か他にはないかしら、と町のスーパーマーケットでぐるりぐるりと時間を費やした方も多いはず。たとえばこんなお土産はいかがでしょうか。
ベーキングパウダー。
軽いし、ラベルもかわいいし、お菓子やお料理好きには意外に喜ばれる一品です。
お菓子用とピッツァ、パン用があります。取り扱いが多いのは、天使がケーキを運んでいる絵のその名も「Paneangeli（天使のパン）」と、パウンドケーキの絵とOttimi Dolci（おいしいケーキ）と書かれた「Bertolini」。ちなみに、イタリアのお母さんは圧倒的に「Bertolini」派。
スーパーマーケットもいいけれど、ベーキングパウダーは、小さな古びた商店で探すのも面白いのです。昔ながらのレトロなパッケージやその土地にしかないブランドのものが揃っていて、かわいくてついつい手にしてしまうほど。
地方色が豊かなイタリア。おいしさの秘密は、こんなところに隠されているのかな、などと、期待も膨らむベーキングパウダーです。

# *41*
## あなたに合わせて調合してくれる
**ERBORISTERIA**
エルボリステリア

フィレンツェには「Erboristeria エルボリステリア」と呼ばれる、ハーブ薬局が多くあります。
「ハーブ薬局」……薬局なので入ってみるのをためらっていましたが、ある日、思いきって訪ねてみると、なんともゆるりとした気持ちになれて、そしてその奥深さに惹かれ、以来、フィレンツェでとても大切な場所のひとつになりました。

エルボリステリアにはとにかくたくさんの薬草やハーブを乾燥させたものが揃っています。乾燥ハーブというと、茶色に枯れていると思われるでしょうが、ここの乾燥ハーブはおどろくくらい美しいのです。乾燥しているのに透明感があって、色鮮やかで、とってもいい香り。もうそれだけで、うっとり、癒されてしまうくらいです。

この薬局では、それぞれの体の調子に合わせて、エルボリスタという薬剤師がレシピに調合してくれます。調合したハーブは、お茶のように水から煮出して、夜寝る前に飲むのです。

お薬というより毎日の習慣のハーブティー。ただリラックスするためのものでなく、体調をよくするハーブを調合してくれるのが、エルボリステリアなのです。エルボリスタはこう言います。「ここは薬局だけれど、痛みを和らげる薬を売っているのではありません。ハーブは日々使われて、あなたの生活をよりよくするためのものなのよ」と。

なんだか豊かになれる場所です。

＊ハーブティーとして頂くだけでなく、冷え性やしもやけ予防などには、ハーブを入れたお湯に脚をつけてリラックスできるカモミール入りのレシピや、ホットワイン用のスパイスも調合してくれます。

93

## *42*
## 三つ星が保証してくれる（フィレンツェ郊外）
**LAVANDERIA**
ラヴァンデリア

どうしても、アイロンがけが好きになれません。
なるべく、ぎりぎりまで洗濯物をためて、もうだめだ、ストックがない、となってようやくアイロンの電源を入れます。
よし、やるしかない。
そう自分に言い聞かせ、かかります。

手始めは、四角いリネンから。ほら、私も上手じゃない。
などと気を良くしていると、最大の難関、山のようなＹシャツの登場です。
特にＹシャツのアイロンがけは、面倒だけれど負けてたまるか、そう思いながら、今までより少し体重をかけたりして、心して挑みます。
だって、イタリア男性のワイシャツのアイロンかけの隙のなさを日々眼にしてしまっては、こちらといたしましても、気合が入るというものです。
そうなのです、イタリア人の男性が身にまとうＹシャツの美しいこと。ピシッとした襟ぐりライン、しわひとつない滑らかな生地。もしかしたら、シャツがしわにならないように体勢を保っているのではないかと思ってしまうくらい、時間がたってもアイロンがけが崩れていないのです。
いつも、ぴっしりと緊張感のあるＹシャツを着ているので、ある日、友達に聞いてみたのです。Ｙシャツのアイロンがけはどうしているの？　と。

どうやら、スペシャルなラヴァンデリア（クリーニング屋）があるらしいのです。
「すごく丁寧に扱ってくれて、服への愛情を感じるの。Ｙシャツだけでなくて、くったりしていた白いセーターなんて魔法がかかったようにきれいになって戻ってくるのよ」
そんな話を聞いたのなら、違いを感じてみたいもの。
すぐにＹシャツやセーターをお願いしたのですが、仕上がってきたものを見て、

嬉しいのはもちろん、ほんのりとやさしい気持ちになれました。友達はそれを「愛情」と言っていましたが、なるほど、そうなのかもしれません。

愛情を注いでくれるクリーニング屋さん。素敵ではないですか。それからというものＹシャツのアイロンかけは、こちらにおまかせです。

私がお願いしているのは、「フィレンツェのアルティジャナーレのお店」という賞状が飾られている三つ星クリーニング屋さんです。

アイロンがけが終わって包んでくれるその袋にメッセージが書いてありました。「あなたたちの洋服を、私たちは花のように扱います。」と。

**Lavanderia Papucci**
Via Giovanni Dalle Bande Nere 10/r 50126 Firenze　TEL 055-683352
＊明るいシニョーラのこのラヴァンデリアも、残念ながら店じまいをしてしまいました。

## *43*
## オリーブオイルの石鹸

**SAPONE**
サポーネ

このオリーブオイルの石鹸との仲は、見た目で魅せられたのがはじまりでした。
「いい素材だけで作りました」というオーラが私を離さなかったのです。
一度使ったら、癖になるこのオリーブオイルの石鹸。
しっとり肌に寄り添うなぁ、と使いながら思っていたら、オリーブオイルの成分に、皮脂に近い成分があるのだそうで、納得。
それからずっと愛用している石鹸です。

「昔は洗濯をするのも、体を洗うのも、このオリーブオイルで作った石鹸しかなかったのよ。今では昔ながらの製法で作ってくれる人が少なくなってしまって」と話しながら、大きな鍋の前で木の板を手にしたおじいさんとおばあさんの写真を見せてくれたのは店のシニョーラ。
この国のどこかの小さな村で、いまでもこうして石鹸を作っている人たちがいる。イタリアではオリーブオイルはたくさんとれるし、彼らは特別なものを作っているのではなく、昔から暮らしの中でそうしてきたから作っているだけ。そうして生まれた石鹸が素晴らしすぎるほど素晴らしいということに、きっとあまり頓着がない。それどころか、きっと彼らは、石鹸といったってこれしか知らないのよ、と言うのでしょうね。
そんな田舎の人々の様子も浮かんでくるようです。

エルボリステリア（→項目41）やカライア橋の近くにある小さな博物館のような薬局「Farmacia Münstermann」などで購入できます。

*Farmacia Münstermann*
*Piazza Carlo Goldoni 2/r 50123 Firenze*
TEL 055-210660   http://www.munstermann.it/

97

# 44
## 簡単！きれい！Ebanoの靴磨き

**calzanetto**
カルツァネット

イタリア人はお洒落さん。
イタリアを旅したのなら、その言葉が本当であるのは一目瞭然でしょうし、服装だけでなく、足もとだって当然のように美しいことに驚かれるかもしれません。
いえ、それどころか、まず真っ先に足下に目がいくほどなのです。

その秘密は、手軽で簡単きれいな靴磨きがあるからかもしれません。
靴磨きと言っても、ブラシや、布、ワックスではなく、このスポンジでこするだけの簡単お手軽グッズ。
黒、茶色、透明と3色あり、この他、白いスポーツ靴用、さらにはモカシンの靴もこのスポンジできれいにしてしまうという、このラインナップ。
お土産にも喜ばれるし、私はいつも車の中にひとつ置いています。
魔法のスポンジで、靴磨き。
これでお気に入りの靴もピッカピカ。

99

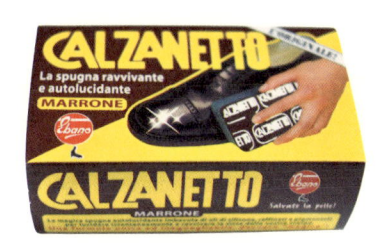

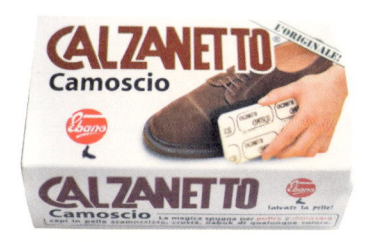

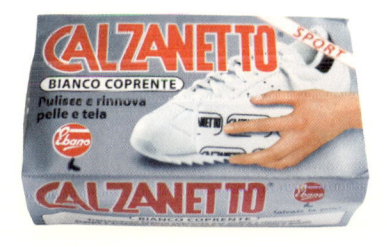

## 45
## 大きな樫の木の下で
**QUERCIA**
クエルチャ

トスカーナの田舎道を車で走ると、まるで絵本の一ページのような景色が広がることがあります。モンタルチーノからサン・クイリコ・ドルチャへ向かうスーペルストラーダ（幹線道路）沿い右側に見えてくる、なだらかな丘に見える糸杉はあまりにも有名で、きっとこの景色を見てはトスカーナ、と実感される方も多いはず。そして誰もがその木へ近づきたくなるはずです。

糸杉にかぎらず、トスカーナの田舎では大きな木のある景色によく出会います。遠くから見ても目印になるほどの大きな木。
この木のもとにどれだけの人たちが立ち寄ったのでしょう。
待ち合わせの場所になっていたかもしれないし、秘密を隠した場所だったかもしれない。狩りをする時の隠れ場所だったのだろうし、ある時はひとりで本を片手に散歩に来た場所だったのかもしれない。小さな村の目印、あるいはシンボルだったかも……この木をめぐる物語が目に浮かんでくるようです。
「立ち入ってはいけません」と立て看板がしてあっても、近づきたくなってしまうのは私だけではないと思います。
もうずっと変わらない景色。そしてこれからも変わらないでほしい景色がここにあります。

101

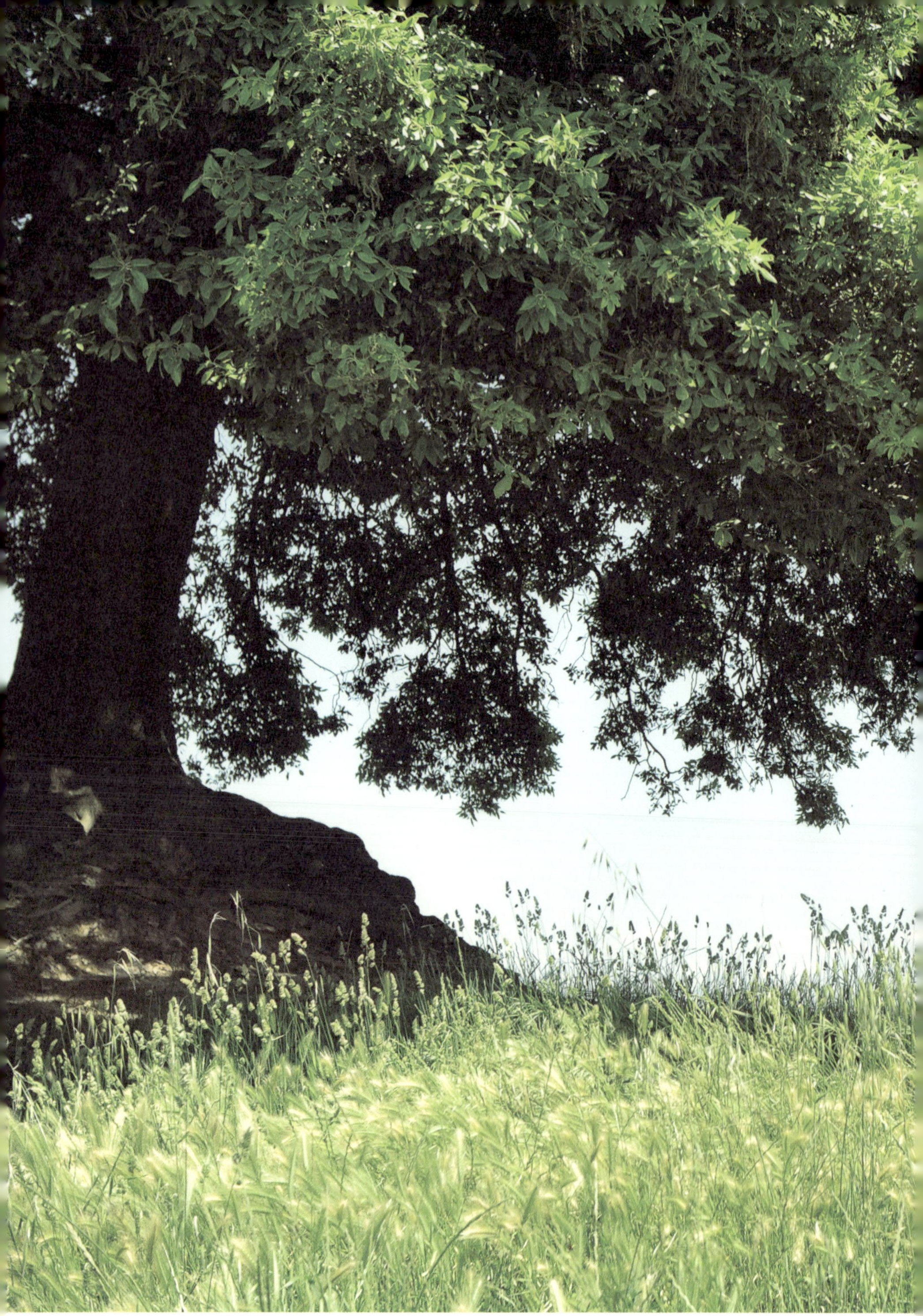

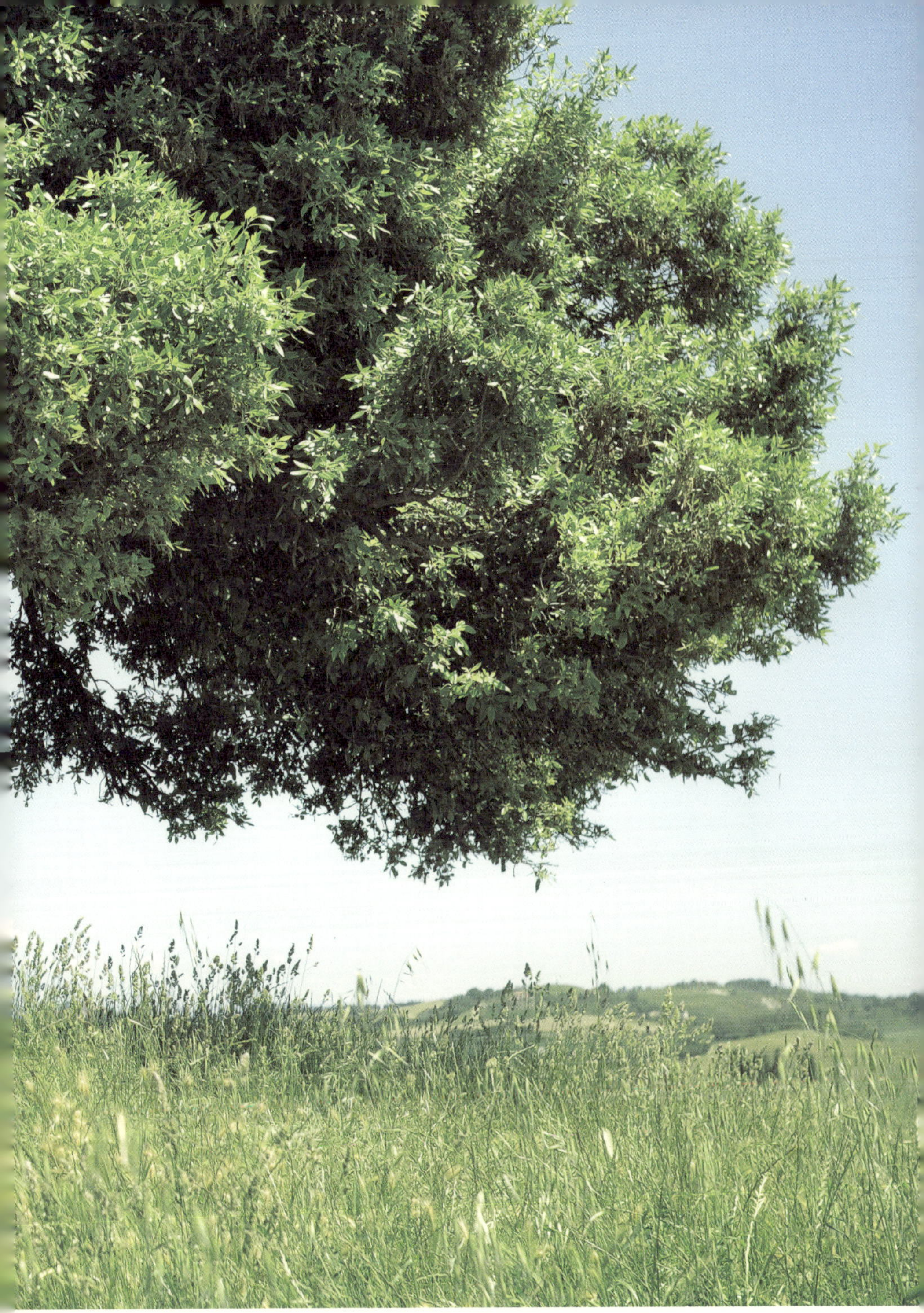

# 46
## 町のペンキ専門屋（フィレンツェ郊外）
### TINTE & TONI
ティンテ・エ・トニー

どんな小さな村でもどんなに山奥の村でも、お店が揃っていて暮らすのに困らないのは、イタリアのいいところ。BAR、パン屋さん、肉屋さん、八百屋さん。
そこが海辺でなければ、お魚は週に一度トラックで売りに来てくれるし、文具屋さんも、新聞屋さん、薬局、それに洋服屋さんも数軒あります。中でも日用品を扱う雑貨屋は重要ポイント。イタリア人にとって、こわれたモノを修理をするのは、ごくふつうのこと。なければ作る。すぐに新しいモノを買わないイタリアでは、小さな日用品屋とはいえ、商品の充実ぶりには眼を見張るものがあります。
もう少し大きな村となると、必ずペンキ屋があるのですが、ここが非常に楽しいのです。
イタリア人の感覚では、「家は作るもの」なのだそうで、子供部屋や外壁の塗り替えなど、時間さえあれば自分でこなしてしまいます。
彼らがいう「ペンキを塗る」とは、売られているペンキの缶を買って塗るのではなく、自分用に調色してもらったペンキを買ってきて塗ることなのです。
たとえば、色褪せた壁の色だって、そっくりに調色してくれるのですから、素晴らしいではありませんか。

以前、修理するために、ペンキ屋さんに古い窓枠を持っていったことがありました。1800年代後半頃の窓枠で黒っぽいマットな色のものです。時間を経て褪せた黒なので、「ひょっとして難しいのではないか」と思っていたのですが、すぐさま色を調合してくれて、翌日にはぴったり同じ色味のペンキの缶を渡されました。
コンピューターで数字を出す店もあるけれど、ほとんどの店が目で見て、自分の感覚で調色をするというのですから本当に驚きです。
前もって頼めば、色データを残しておいてくれて、次回もまったく同じ色が注文できるというのですから、いやはや色マエストロ、恐れ入りました。

**Tinte & Toni**
Via Gherardo Silvani 176 50125 Firenze
TEL 055-2048555

# 47
## 羊たち
**PECORE**
ペコレ

なだらかな丘に、まるで雲のようにゆっくりと群れをなして大地を歩む羊たち。
青空と大地の美しいトスカーナの田園には、羊と共に暮らす風景があります。

いつも群れをなす羊たちは、見た目よりも臆病なのだそうで、人気を感じたりすると、のそのそと動いて、私たちは草を食べているのよ、とさりげなく遠ざかろうとします。
「あ、みんな。誰かが来たわよ」
「ほんとだ。わっ、近づいてきた。向こうへ行こうよ」
そんな羊たちの話し声が聞こえてくるようです。

だから私は心の中で、「大丈夫、何もしないから。だから逃げないで」なんて話しかけながら、そっと近づいてみたりします。
臆病な羊たちのほとんどは、遠くへ行ってしまうのですが、一匹くらいは、愛嬌のある羊もいたりして、ぴたっと止まったりしてくれます。

ありがとう、おかげで、君たちのお顔が見えました。

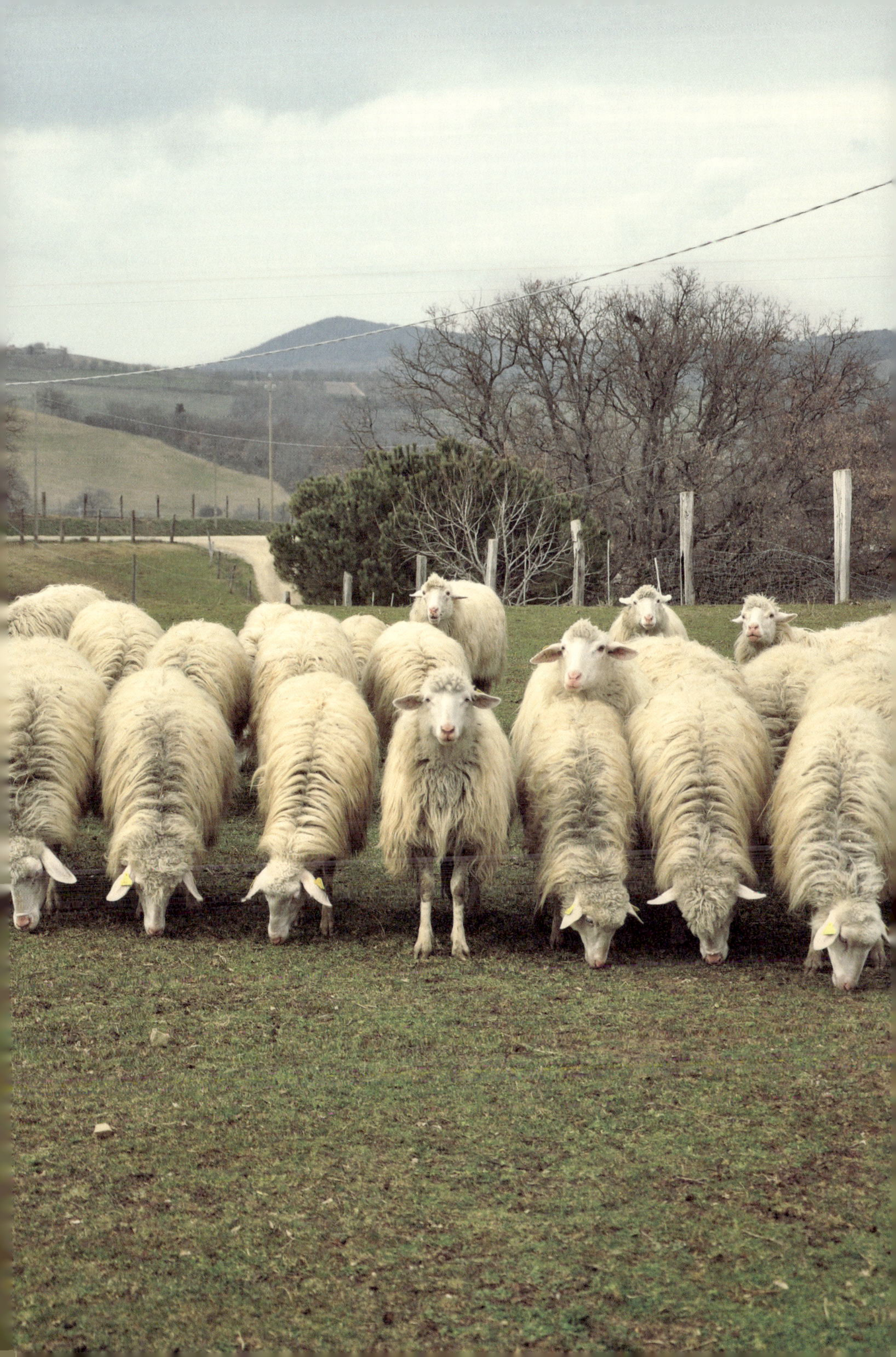

# 48
## 働くアーペ

**APE**
アーペ

イタリアには愛すべき車がある。
それは語るまでもなく、すぐに思い出されるのはFIAT500でしょう。
今でも古いFIAT500（チンクエチェント）が町や村を走っていて、あの小さな車に大きなイタリア人が二人も窮屈そうに乗っていたりすると、なんだか愛らしくて、しかもゆっくり走っているのを見ると、がんばれーと思ってしまいます。
もちろん500（チンクエチェント）はかわいい車。
でも私にとってもっと気になる車は、三輪車のアーペ。
まさにその名の通り蜂みたいに、ぶぅーんと音を立てて走るアーペは、車というか、ゴーカートというか。
イタリアの排気ガス規制によって、街中には入れなくなってしまったので、アーペは田舎道で見かけることが多くなりました。
後ろに荷台がある、働くための小さな車。
そう、畑仕事をしたりするおじいちゃんの愛用車なのです。
その狭さに二人乗りは無理だよ、と思うけれど、それでもぎゅうぎゅうで乗っているのを見かけるとやっぱり思わず、かんばれ！　アーペ！

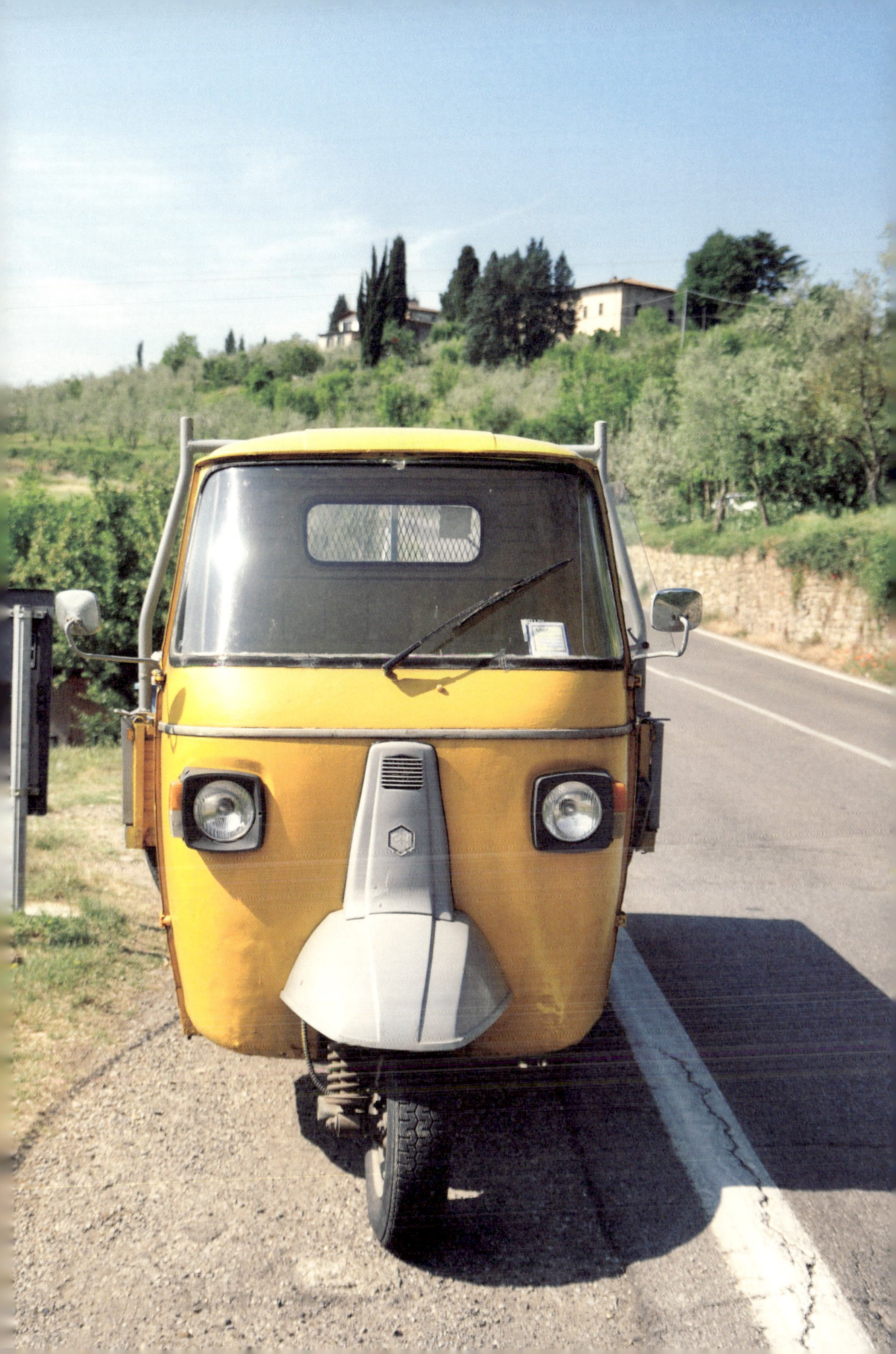

## *49*
## 農協へ行こう！（キャンティ地区）
**CONSORZIO AGRARIO**
コンソルツィオ・アグラリオ

郊外に暮らしてやっぱり正解だったと実感したのは、こんな場所があることを教えてもらったことでした。
生まれも育ちもトスカーナ、というジョルジョが、会うたびに私に言います。
「さっきConsorzioに行って来てなぁ」と。
「Consorzio？　コンソルツィオ？」
きっと好きな場所だと思うぞ、とさかんにすすめてくれるので、さっそく足を運んでみると……そこは農協でした。

イタリアの農協は、「畑、庭」をキーワードに、なんでも揃う場所。ふつうの人も自由に買い物できるのですが、「ガーデニング用の雑貨」というお洒落なものではなく、暮らし密着型の質実剛健なものを取り揃え、お客さんのほとんどが男性、しかもごっつい手をしたおじいちゃんにおじさん、という店です。
倉庫のように棚にずらりと商品が並んでいる、それだけの場所ですが、私にとっては想像力が刺激される場所で、何度も通うべき場所です。
農家の大きなビニールハウス用のブリキの骨組みや、葡萄畑に使うの木の支柱は、

あまりにいい風合いなので何かに使えないかしらと思案をめぐらせてみます。
ワイヤーのネット、緑のシート、ホースや、ガーデニング用品。春になれば色とりどりの花、夏になれば麦わら帽子にトマトの苗、秋が近づけばオリーブオイルのタンクや瓶、ワインのボトルにコルク、冬になると狩猟用の分厚いジャケットやセーター、靴下や長ぐつなどなど……
農協に行けば、どの季節のどの時期に、畑では何をするべきか、どんな道具を使うのかが、一目瞭然でわかります。
日本ではあまりお目にかかれない道具や微妙に違うデザインや色合いの面白いものがある農協、きっと新たな暮らしのスパイスが見つかるかもしれません。
フィレンツェ近郊にある農協全部で15ヶ所。ダビデのマークと創業年の「1889」という数字の看板が目印です。

*Consorzio Agrario*
地図 p159 参照

# *50*
## 時のふちに静かに佇む
**CASA COLONIA**
カーサ　コローニア

ひっそり人気のない静けさに一歩足を踏み入れると、ひんやりとした空気に包まれ、時が一瞬止まります。時間を経て色あせた、消耗した古レンガは、吸い込まれそうなくらい美しく、なぜか安心感さえ覚えます。
遠くからでもこの古い石壁を見かけると、つい車を停めてしまうくらい、旅先では気になってしまう所のひとつです。

これらはCasa Coloniaと呼ばれる、古い石造りの、古い家。
イタリアではこういった古い家がまだ残っているのです。

壁一面が古い石壁で、キッチンでの調理には薪を使う。
もちろん暖炉があったりして、庭にはパンを焼くための窯がある。
その時代の暮らしがそのままの状態で残っていたりしますから、オリジナルを残しつつ、リフォームを施してそこでの暮らしを楽しむ人がいるくらい。
イタリア人も憧れる、今、大事にされている古い家です。

「Chianti Rufina　キャンティ・ルフィーナ」と書かれたこのCasa Coloniaは、フィレンツェから南にViale EuropeaをRufina方面に、アルノ川を左に見ながら農園地帯を進むと、町に続く大通り沿いにひっそりとたたずんでいます。

# *51*
## ポマローラという独特パスタのお店（キャンティ地区）
**TAVERNA DEL GUERRINO**
タヴェルナ・デル・グエッリーノ

ある日、イタリア人の友人が言いました。
「イタリア料理はおいしい、と言われるけれど、正確には、イタリアのお家のごはんがおいしい、ということなんじゃないかな」と。
なるほど！　その通りなのかもしれません。
もちろんレストランや食堂でおいしいものはあります。
でも心にも体にも染み入るようなおいしさに出会ったのは、そういえば、どこかの家に遊びに行った先でごちそうになったごはん、のように思います。

キャンティ街道をシエナ方向へと南に進み、グレーヴェ・イン・キャンティのチェントロに入る手前を曲がり、急な坂道を登ってオリーブ畑を抜けると、モンテフィオラッレという小さな村があります。
この村に一軒だけある小さな食堂。
この食堂には、これが食べたい、だから行こう！　と思わせてくれる、染み入るような味わいのパスタがあるのです。
それがポマローラ。ポモドーロでなくてポマローラ。何のパスタだかわかりますか？　ポモドーロならば、イタリア好きなら、トマトのパスタだとすぐわかり、迷わず注文、となることでしょうが、この食堂のメニューに書かれているのは「ポマローラ」。
ポマローラは、香味野菜とトマトで作ったトマトソースですが、仕上げにオリーブオイルではなく、ひとかけらのバターでコクと香りを出す、家庭の味のトマトソース。
トマトの旬の時期に作り置きをしておく保存食で、これこそ家庭でしか食べれないお家ごはんのメニューなのです。この食堂では、それを食べることができちゃうのです。
しかもゆであげただけのスパゲッティの上に、このポマローラをかけるだけ。

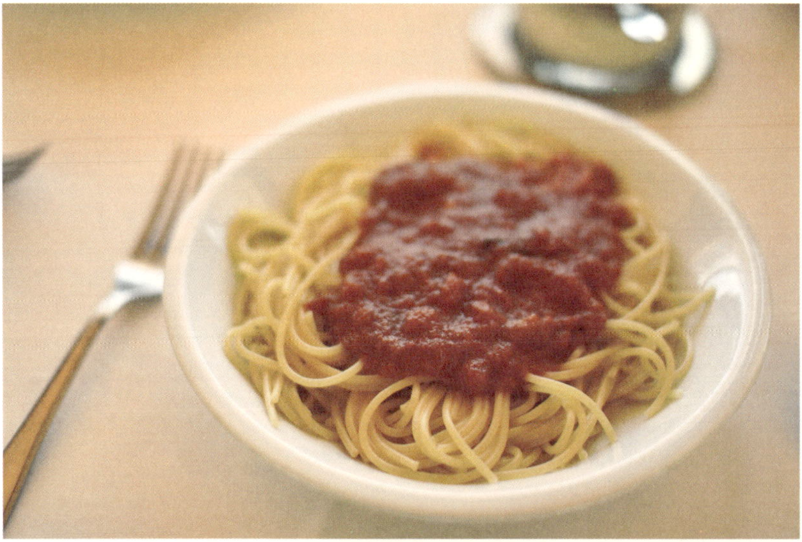

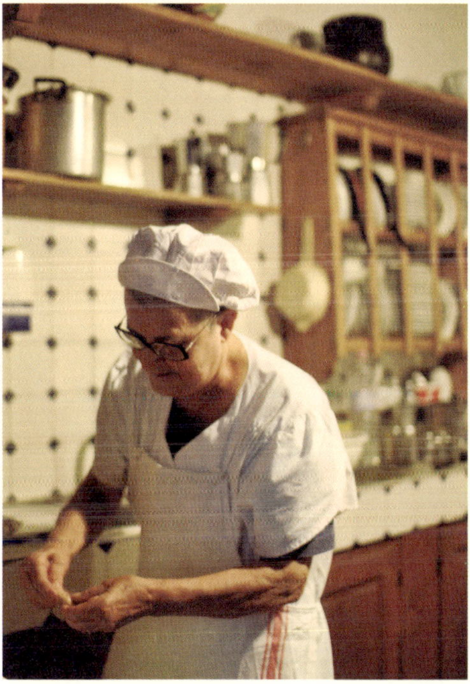

フライパンであえることもない、それは、まるで昔のママースパゲティのコマーシャルに出てきそうな、そんな具合に。
もう何十年もスパゲッティをゆでているおばあちゃんは、さすが！　パスタの上がりも絶妙です。

入り口に営業時間が書いてあって、「月、火、水曜日はお休み、木、金、土、日曜日は夜だけ営業、冬季は週末のランチのみ営業」と、ちょいとややこしい。
この店は、老夫婦が切り盛りしているから、無理のない時間帯での営業しているのです。
でも、この食堂を訪れるお客さんは、離れてしまうわけではなく、足並みをそろえてくれるのです。そこが、イタリアのいいところ。

**Taverna del Guerrino**
Via Montefioralle 39 50022 Castello di Montefioralle
TEL 055-853106
http://tavernadelguerrino.freshcreator.com/

# 52
## お肉屋さんのおいしさと楽しさいろいろ（キャンティ地区）
### CECCHINI
チェッキーニ

こう見えても、ここはお肉屋さんです。それどころか、ここはイタリアで一番その名を知られたお肉屋さんです。

キャンティ地区のPanzano（パンツァーノ）村にあるこのお肉屋さん「Cecchini チェッキーニ」の、真っ赤なスポンジでできた簾カーテンの向こうに一歩足を踏み入れると、ハーブの匂い、お塩の匂い、お肉の匂い、本当にいい香りに包まれます。

そう、思わず「いい匂い」と言葉がこぼれてしまうほど。

ここのお肉は、きっとおいしいに違いない、と誰もが確信する瞬間です。

でもそれとは反対に、お肉屋さんらしくないお肉屋さん、と思うかもしれません。お肉の塊がずらりとならんでいるわけではなく、あるのはなんだかまるでお惣菜屋さんのようなショーケース。それに店内は、なにやらワインが入ったコップを片手にお客さんがうろうろ。おいしいサラミやキャンティのバターという名のラルドのパテがたっぷり塗られたパンが振るまわれているのですから、一瞬戸惑うかもしれません。

この店ではお客は、ワインとサラミをつまんでおしゃべりを楽しみながら、注文したお肉を待つのです。

このお肉屋さんのオーナー、ダリオは自らを肉の職人と言い、お客さんも彼を肉のマエストロと慕っているので、お肉のことは彼にすべておまかせ。「今日はグリルのお肉を2キロもらうよ」、それだけ伝えておしまいです。

そのほうがいい。そのほうがおいしいものが食べられるのですから。

ダリオは、お肉を2キロも買えないお客でも楽しめるお店を二つ持っています。

一つ目は、「Solociccia ソロチッチャ」、その名も、「お肉だけ」というトラットリア。

パスタはなく、とにかくいろんなお肉を食べましょう、というお店で、大きなテ

ーブルをみんなで囲んで食事をする、というシステムです。
したがって、同じ日、同じ時間、同じ料理を、見ず知らずの人と相席で、ざっくり盛りつけられたお肉の大皿を食すということになるのだけれど、あっという間に、「どこから来たの？」、「これはもう食べた？　食べなよ」、「ほら、みんなお皿を回して」と和気あいあい。
しゃべって、飲んで、とにかくお肉を口に運ぶ。
ここは、お肉屋さんのトラットリアなのだけれど、譬えれば、まるでダリオの家で食事をしているような、そんなふうに錯覚しそうです。
そういえば、誰かが言ってましたっけ、あそこの料理は、昔おばあちゃんが作ってくれた味だった、と。
キッチンで働くのはシェフではなくて、村の料理上手なお母さんですから、そんなお味とも重なって、おうちトラットリアな雰囲気。
でも使う素材はピカイチです。
もう一つは、「Cecchini」の2階です。
その名も「MAC DARIO」。ここはハンバーグ屋さんです。ハンバーガー屋ではありません。念のため。
美味しいお肉をハンバーグにして、添えるのはハーブのきいたローストポテト。
それにトスカーナ風スティックサラダ、ピンツィモーニオとトスカーナパンがついて　10ユーロのワンプレートランチ。
連日、地元人、そしてこれお目当てで訪れる人々で賑わっています。
驚くなかれ！　イタリアの、いえ、トスカーナのMAC。アメリカ生まれのMACも驚く実力派です。

**Antica Macelleria Cecchini**
Via XX Luglio, 11 Panzano in Chianti
TEL 055-852727
http://www.dariocecchini.com/

Vi...
My r...
Acqua liscia...
Water with and w...
Caffè alla moka e torta
Coffee, olive oil cake
Digestivi dell'Esercito Italiano
Italian Military liqueurs

# *53*
## 小さな村の食料品店
**ALIMENTARI**
アリメンターリ

知らない土地を旅した時は、私は必ずALIMENTARI（食料品店）に立ち寄ります。スーパーもいいのだけれど、できればこちら。小さいほうがより好ましくて、イタリアンおばさま御用達のスモック型花柄エプロンをしているおばさんがレジの前に立っていてくれたりしたら、それはもう何かを期待してしまいます。
小さなALIMENTARI屋さんは、見るべきところがたくさん。
まずは、粉ものが並ぶ、小麦粉売場へ。見たことのないラベルの小麦粉をみつけたならば、手にしてひっくり返し、生産場所を探すべく、裏面を熟読、いや解読します（イタリアではアルファベット2文字で地名を表すのでそれを解読するのです）。この地方の小麦粉だとわかればすぐさま籠の中へ。これは粉類だけにとどまらず、塩だったり、コーヒーだったり、パスタだったり、その土地で作られているものだとわかると、買わずにはいられません。
チーズとかハムとかで、見たことがないようなものがあると、これはどこのものなの？と聞いてみます。
すると試食をさせてくれて、話しているうちに、この近辺で作られているチーズだとわかったりするわけです。「ここは友達がやってるから、じゃ、行ってみなさいよ」という流れは、イタリアの旅では、珍しくはない展開。
小さな村の、ALIMENTARIから始まる、おいしい旅の楽しみ。
でもあっという間に、荷物は重くなりますので、ご注意を。

190

SPATEN

ALIMENTARI BAR

## *54*
## 修道院のジャム（フィレンツェ郊外）
### MONASTERO DELLA CERTOSA
モナステロ・デッラ・チェルトーザ

わが家からフィレンツェへ向かう途中、1342年設立の古き修道院があります。銀色に輝くオリーブの木の丘の上に見える、トスカーナ色のゴシック様式の建物がチェルトーザ修道院（Monastero della Certosa）です。
夜になると美しくライトアップされて美しい修道院です。
ここはフィレンツェの郊外にあることもあり、緑の丘を遠くに見渡せば、畑を耕す人々がぽつりぽつり。ぶらり、自然体で訪れることができます。
この修道院の建物もさることながら、私がおすすめしたいのは、修道士たちが育てている果物で作られる自家製ジャムです。
この修道院らしい手書きのラベル（しかも、ひとつひとつ色を塗っているような）で、ほのぼのしたジャム。いろんな種類がありますが、とくに好きなのはリベス（黒スグリ）。

この修道院では1日2回、修道士が修道院を案内もしてくれます。
「こんな敷地が広いのに、18人の修道士とその世話人しかいない」とか、「食事中でさえもおしゃべりはできないけど、会話をする場所が設けられています」とか、白と黒の修道服に身をまとい、後ろに手を組み、ゆっくり歩きながら案内をしてくれます（案内はイタリア語です）。
修道士たちの部屋は、簡素で無駄のない、少しだけ緊張感のある佇まいで、窓からの光の濃淡が聖なる空間と合い重なり、とても印象深いものです。

**Monastero della Certosa**
Via Buxa di Certosa 2 50124 Firenze
TEL 055-2049226
http://www.cistercensi.info/certosadifirenze/

123

# 55
## 海辺の Villa Toscana（リヴォルノ郊外：チェーチナ）

**VILLA TOSCANA**
ヴィッラ・トスカーナ

　自分で言ってしまうのもおかしいけれど、古物の天使が私の近くにいてくれているのかな、と思っています。
　たとえば、アンティーク市に出かけるのに、家を出たときは雨でも市場に到着するとその時だけ晴れたり、アンティークを探しに来たわけではないのにふと素敵なショップが現れたり、それに引っ越しをした先では必ず大きなアンティーク市が立ったり。雨の週末だとがっかりしても、この週は構内で開催の週だったり。些細なことではありますが、これは運のよさ、という以外にありません。
　このアンティーク・ショップ「Villa Toscana」も、ある夏の日、遊びに来ていたビッボーナの海辺の町で、お魚屋さんを探していたときに、突然見つけて、夕食のお魚はさておき、吸い込まれるように入り口のドアを開けていました。
　町の中心から離れたこの場所に、どうしてたどり着いたのかはまったく覚えていないのですけれど。
　ここにディスプレイされている白いモノたちは、生き生きと伸びやかにみえます。モノも置き方もお店の様子も、すべてが絶妙に調和しているように感じられてならないのです。それはもしかしたら、柔らかな潮風のせいかもしれません。

　「Villa Toscana」の古物のセレクトはご主人のリッカルド、一方、建築家である奥様マリクイータさんが空間コーディネートを手がける理想的なパートナー。店内はトスカーナの大地を感じさせ、どこか女性らしさとエレガントさで満ちているのは、このご夫妻の人となりがにじみでているのでしょう。
　「Villa Toscana」では、ホテルとインテリアショップも経営しています。どちらもアンティークショップ同様、とても素敵なのでおすすめです。

**Villa Toscana**
Piazza XX Settembre 5 57023 Cecina(Livorno)
TEL 0586-680193

# 56
## 時がとまった廃墟駅（ボルゲリ地区）
**STAZIONE BOLGHERI**
スタツィオーネ・ボルゲリ

枯れた土壁、廃墟に近いこの建物があるここは駅。
正確に言えば、ここは駅の入り口です。

ここは、トスカーナの海岸線と平行して走る高速道路 E80 variante Aurelia あるいはこの高速道路と平行して走っている、のどかな一本道の旧道 via Aurelia sud。
これらの通りにある「STAZIONE BOLGHERI」と書かれた青い標識が目印のここがボルゲリ駅。
私的には、標識よりもその向こうに続く、なんとも美しい廃墟の壁のほうに気持ちが惹かれて、いつも車を止めてしまう場所です。

廃墟の壁を見ながら、ボルゲリの象徴、松の並木道を行くと駅に到着。
するとポポポ、とエンジン音を鳴らしながら二輪車アーベが、プラットホームのほうへ向かって行きました。
そして汽笛の鳴る音が。わずか二両、三両のローカル電車の到着です。
どこからとなくほんのり漂う潮の香り。
ここはトスカーナの海辺に程近い、ボルゲリの駅。

＊ボルゲリの廃墟と周辺の casa colonia 案内
Via Auelia sud には、このボルゲリ駅がある手前、リヴォルノ側（もしくはチェーチナ側）に一ヶ所美しい廃墟があります。また、ボルゲリのチェントロ（町中）へ向かう、あの有名な糸杉並木道の途中左手にも ARBERTO と書かれた casa colonia があります。必見です。地図 p158 参照

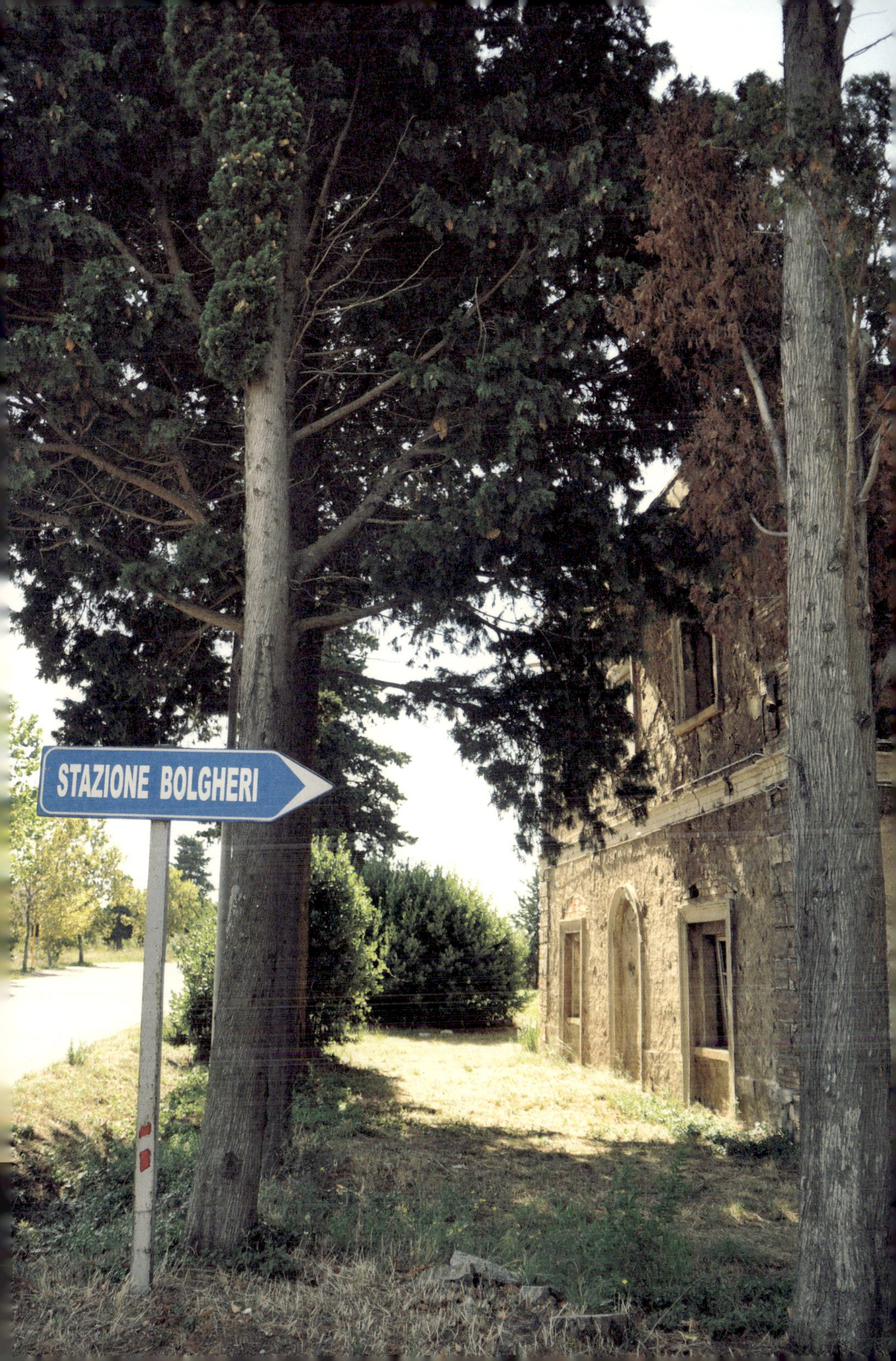
STAZIONE BOLGHERI

# 57
## トスカーナの海の幸
### CACCIUCCO
カチュッコ

トスカーナの郷土料理と言えば、肉料理に野菜料理、豆料理 パン料理。トスカーナのパンは塩が入っていないちょっと風変わりなパンですが、このパンを使ったサラダやスープなどはとても優しくておいしくて、トスカーナではポピュラーなお料理です。
それに、農民たちの田舎料理、山のイメージが強いトスカーナ料理ですが、トスカーナには海もありますから、魚介をたっぷり使った料理もあるのです。

トスカーナの西、ティレニア海に面している港町リヴォルノの漁師さん料理カチュッコは、売れ残った魚介をトマト煮にしたというのが、その始まりだそうです。
「cacciucco」。イタリア語読みをすると、カッチュッコ、とスタッカートな発音。cが5つ。なんだか舌を噛んでしまいそうな名前ですが、これにも意味があるそう。cがつく魚介を5種類以上入れなければいけないとか、ただ5種類以上の魚介を入れなくてはいけない、のだとか。

どちらが本当の由来なのかはさておき、たくさんの魚介をつかうトマト煮込み、ということには間違いがなさそうです。
そして面白いこだわりがもう一つ。カチュッコを煮込む際に必ず使わなくてはならないのが赤ワイン！
魚介のスープなのだから、白ワイン、のはずが、なぜか赤ワイン！
なぜ？っときいても、ほら、トスカーナは赤ワインがたくさんできるでしょう、というような答えしか返ってきませんが、何となく納得してしまう、そのお味。
これぞトスカーナの魚介料理。どうぞ召し上がれ。

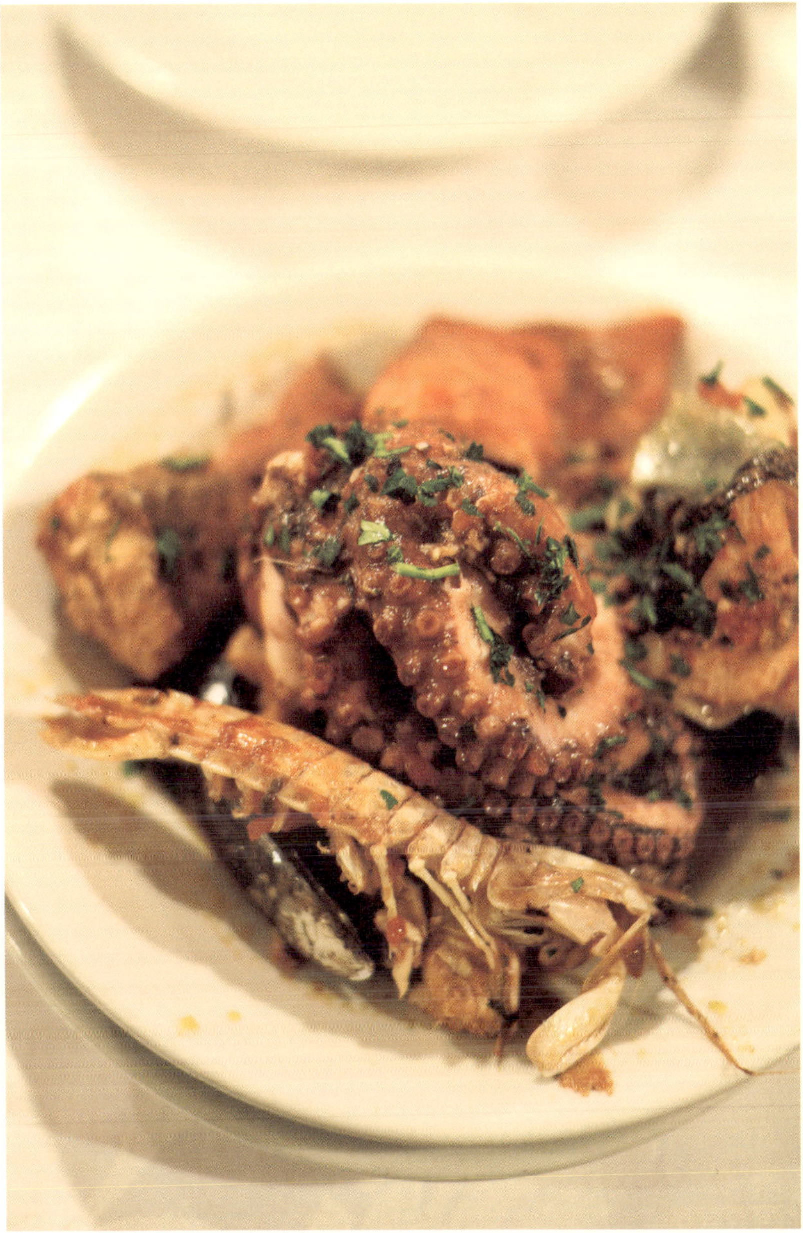

## 58
## 情熱の古道具博物館（パルマ郊外）
### IL MUSEO ETTORE GUATELLI
イル・ムゼオ・エットーレ・グアテッリ

農道具、釘、布、木型、カップ、靴、鍋、はさみ、籠、おもちゃ、看板、ねじ、鍬、ナイフ、靴下、まな板、ズボン、ピッチャー。

暮らしに必要な道具という道具すべてが、高い天井、壁、階段、ありとあらゆるところに、しかも限りなく、とにかく、とにかく、たくさん展示されています。ここはパルマの郊外、美しい緑に囲まれた農場。エットーレ古道具博物館（Il Museo Ettore Guatelli）です。

エットーレ氏はあるときは小学校の先生、あるときは教授、あるときはカメラマン、と多様な経験の持ち主でしたが、独学で学んだ古物、彼の視点で選ばれた「がらくた」に興味を持ち始め、気がついたらこれほどまでのコレクターに。

この博物館を訪れたなら、彼が道具というすべての道具に興味をもち、些細な形の違い、サイズの違い、理由があって存在している道具ひとつひとつに思いがあったのだということが一目でわかります。

しかもその展示たるやまさに圧倒的。なんでもここを訪れたあるドイツ人は、展示室に足を踏み入れるやいなや、失神してしまったのだとか。

これらの道具の見せ方も、エットーレ氏の残したアートです。

失神こそしなくても、あまりのすごさに、何が起こっているのか、自分が何を目にしているのか、きっと一瞬、戸惑うはずです。

説明するよりご覧いただくほうがいいでしょう。

私は靴下、そして博物館のシンボル、片方だけの作業靴にくぎづけでした。

***Il Museo Ettore Guatelli*** (要予約)
Via Nazionale 130 43046 Ozzano Taro Collecchio (Parma)
TEL 0521-333601
http://www.museoguatelli.it　地図 p158参照

opera bona
scuola rurale
francesca borrase

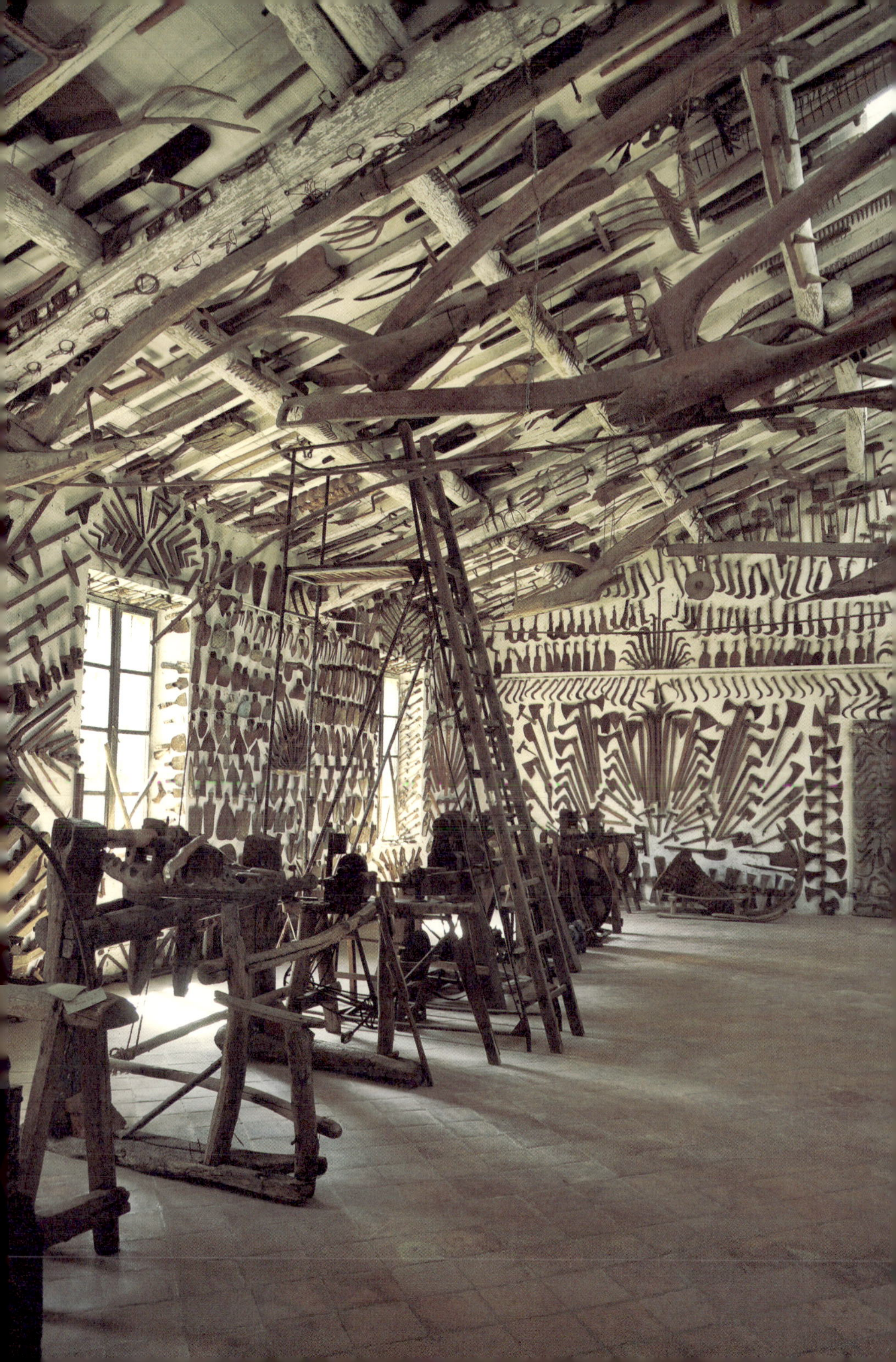

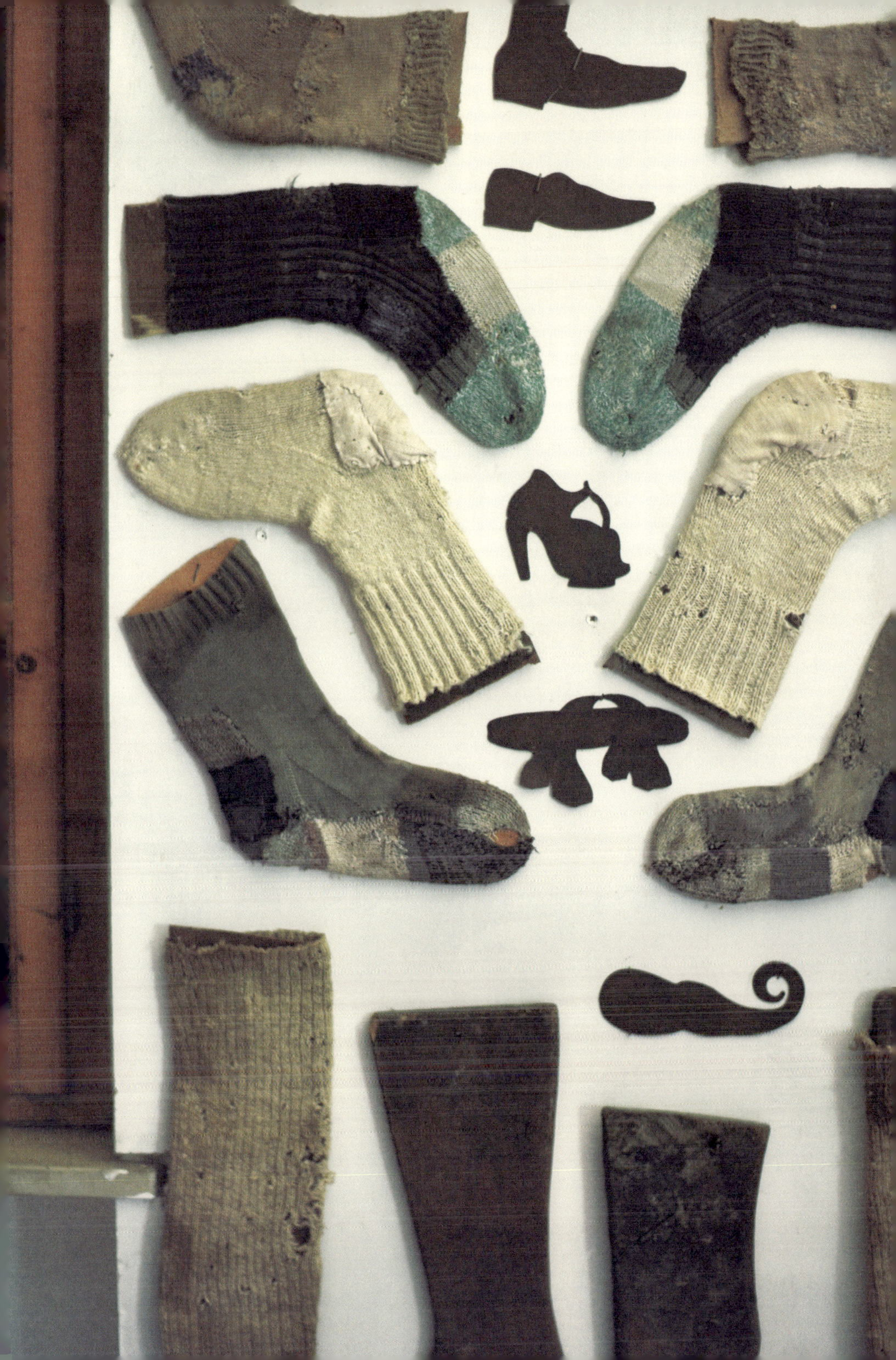

# 59
## 水車で粉を挽くところ（ボローニャ郊外）
### MULINO DEL DOTTORE
ムリーノ・デル・ドットーレ

ボローニャから車を走らせること約1時間。
Colli borognesi へと向かう田舎道は、急に空が広くなり、緑も鮮やかさを増します。
やがてプロの選手さながらのユニフォームを着た自転車チームが多くみられるようになると、野菜やフルーツの直売所や湧水地があったりする、のんびりとした山道に変わります。
山の匂いや、ひんやりとした空気を感じながら、峠をひとつ登りきったところに、昔ながらの水車で粉を挽いている製粉所があります。
16世紀から続く、「Mulino del Dottore（先生の粉挽き小屋）」です。
ジャガイモ畑に囲まれたところにぽつんと一軒、山から引いてきた水の力を借りて石臼を動かし、粉を挽くこの小屋は、髭も髪の毛も粉で真っ白になりながら、仕事をしているシニョーレがいて、まるでおとぎ話に出てきそう。
私は、美しい小麦粉を買いに訪れるのですが、ここはちょっとしたエコムゼオ。周囲の自然や昔ながらの道具に触れて、訪れるたびにわくわくするところです。

キーッと古いドアを押して入ると、カランコロン。
山羊がつけているような、少し低めの音色のベルに少し驚きながら入ってゆくと、粉のいい香りに包まれます。
どこか懐かしい粉挽き小屋です。
小麦粉とひと言で言っても tipo-1、tipo-0、semi integrale（半粒粉）、integrale（全粒粉）の四つがそろい、その他、季節によっては栗の粉や、とうもろこしの粉、スペルト小麦の粉などなどがあります。加えて、これらの粉で焼かれている自然酵母のパン、ビスケット、お菓子なども購入することができます。
自然の水の力でゆっくりと挽かれた小麦粉から生まれたパンは、かみしめるほどにおいしくて、きっとクセになってしまう味わいです。

でも「今日は申し訳ないけど、粉はないよ」と言われてしまうこともあります。
「今日は粉を挽かなかったんだ、いや正確には挽けなかったんじゃ。ずっと雨が降らなかったからね、今日の水はジャガイモにあげなくちゃならんのだよ。すべて自然からの恵みだからね、ジャガイモが育たなくなっては、冬、食べるものがなくなってしまうからね」と。
そう、大地で作られる作物が、いつも決まった同じところににあるなんてことはないのです。
雨が降ったその後に、また粉を買いに来ます！

***Mulino del Dottore***
*Via Rodiano 843 Savigno(Bologna)*
TEL 051-6706014
毎週日曜日の15時にこの小屋を訪れたなら、粉挽きの様子が見られます。

# 60
## 一番好きなトラットリア（ボローニャ郊外）

**DA AMERIGO**
ダ・アメリーゴ（ボローニャ郊外）

イタリアで好きなトラットリアを一つ挙げてください、と聞かれたら、きっと間違いなく、そして自信をもって、こう答えます。
ボローニャの山奥にある「Da Amerigo　アメリーゴ！」と。

金色に澄み切った輝くブロードに、黄色の小さな小さなトルテッリーニ。
アンナおばあちゃんが麺棒で伸したタリアテッレ。
この地域でとれた野菜、野禽、それに川魚。
丸くてぺっちゃんこな、この地方だけのパン、ティジェッレ。

近くの農家から届く上質な野菜も、春夏秋それぞれのキノコも、川魚も、ジビエも、チーズも、ワインも、とれたて素材が味わえます。
このトラットリアでパスタを作るのは、今でも現役76歳のアンナおばあちゃん、ジュリアンナおばあちゃん、それに近所のおばさん。麺棒を使ってパスタを作っていくその様は、まるで井戸端会議です。
どこまでもふつうな、それでいてはっと五感に響く料理を出してくれるアメリーゴの秘密は、きっと76歳のアンナおばあちゃんが握ってます。
まるで自分の家族に食べさせるような気持ちで厨房に立っている、アンナおばあちゃんの愛情が、この店のしみじみしたおいしさのカギなのかもしれません。

**Da Amerigo**
Via Marconi, 14-16 Savigno (Bologna)
TEL 051-6708326
定休日：月曜日
http://www.amerigo1934.it/
アメリーゴは山奥にあるので、プチホテルも併設しています。少しポップな、古いものを生かしたプチホテル。遠くから来た方で、アメリーゴで食事をした人はみな、ここに泊まります。

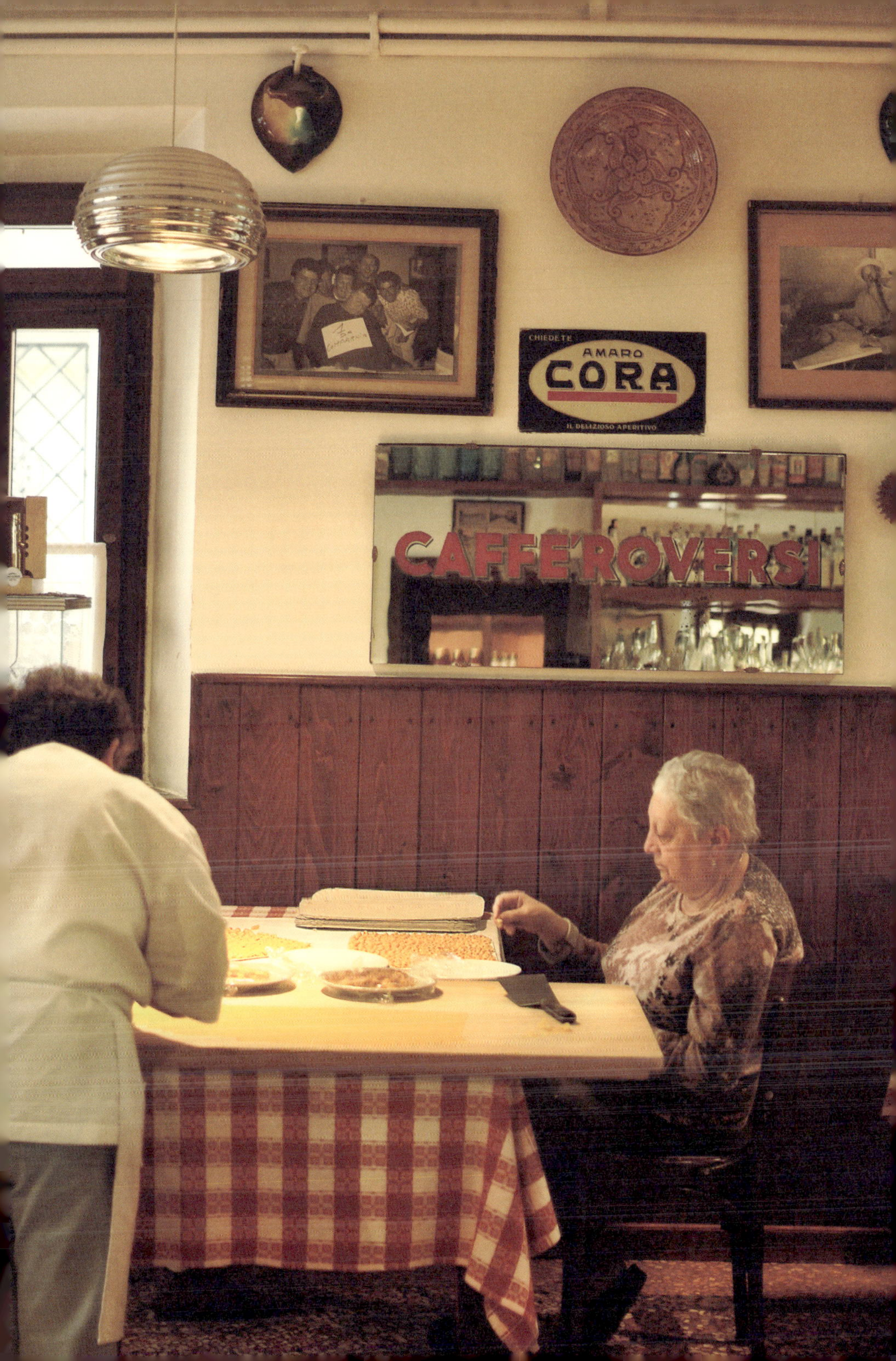
CHIEDETE
AMARO
CORA
IL DELIZIOSO APERITIVO
CAFFE'ROVERSI

# *61*
## 「何もしない」を楽しむホテル（キャンティ地区）

**VILLA BORDONI**
ヴィッラ・ボルドーニ

何もしない、ということができる旅。
できればホテルの周りには何もないほうがいい。
あっちに行ったりこっちに行ったりするのではなく、ずっとそこにいて快適な時間が過ごせるところ。
そこに美味しいレストランが併設されていれば、もうそれで充分。
「もうひとつの家ホテル」、そういうところがいい。
キャンティ地区のグレーヴェ・イン・キャンティに近づいてきたら、幹線道路を外れた細い坂道を登って、オリーブ畑を通り抜けてひたすら車を走らせます。
小さな集落の教会を通りすぎ、さらに先へ先へとオリーブ畑の中の一本道を進んでいくと、めざす「Villa Bordoni」があります。
もちろんまわりはオリーブ畑だけ。
古い家具でコーディネートされたインテリアも素敵で、センスのよい客室は、ゆったり落ち着ける雰囲気。
ロビーのソファーに座って本を広げる、冷たい炭酸水をグラスでいただく、お腹がすいたら軽くパニーニを作ってもらい、眠くなったら寝る。
アペリティーボでもしながら夕べの時間が過ぎるのを楽しみ、はずむ会話で心をなごませる。
旅先でニュートラルになれる、そんなホテルは得がたいものだから、本当はちょっと秘密にしておきたい場所。

**Villa Bordoni**
Via san cresci 31/32
Loc. Mezzuola 1-50022 Greve in Chianti　全10室
TEL 055-8840004　　http://www.villabordoni.com/

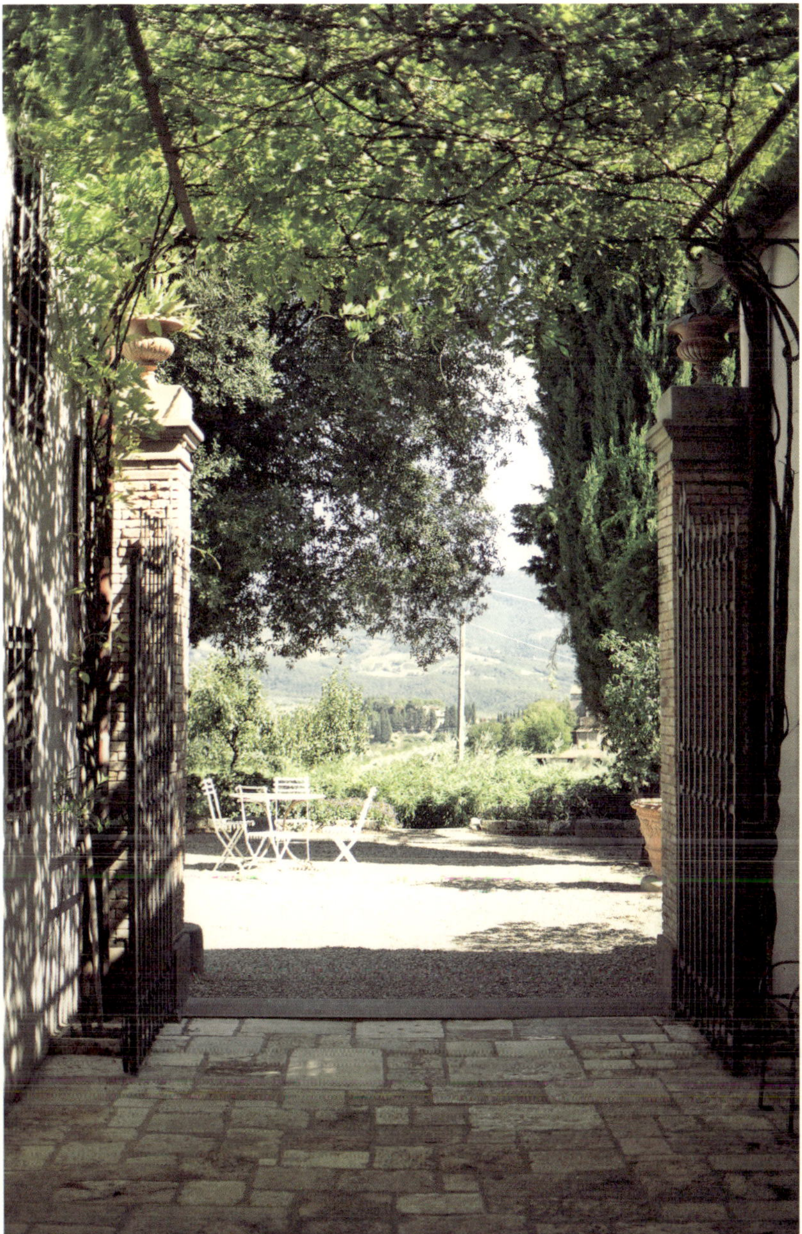

140

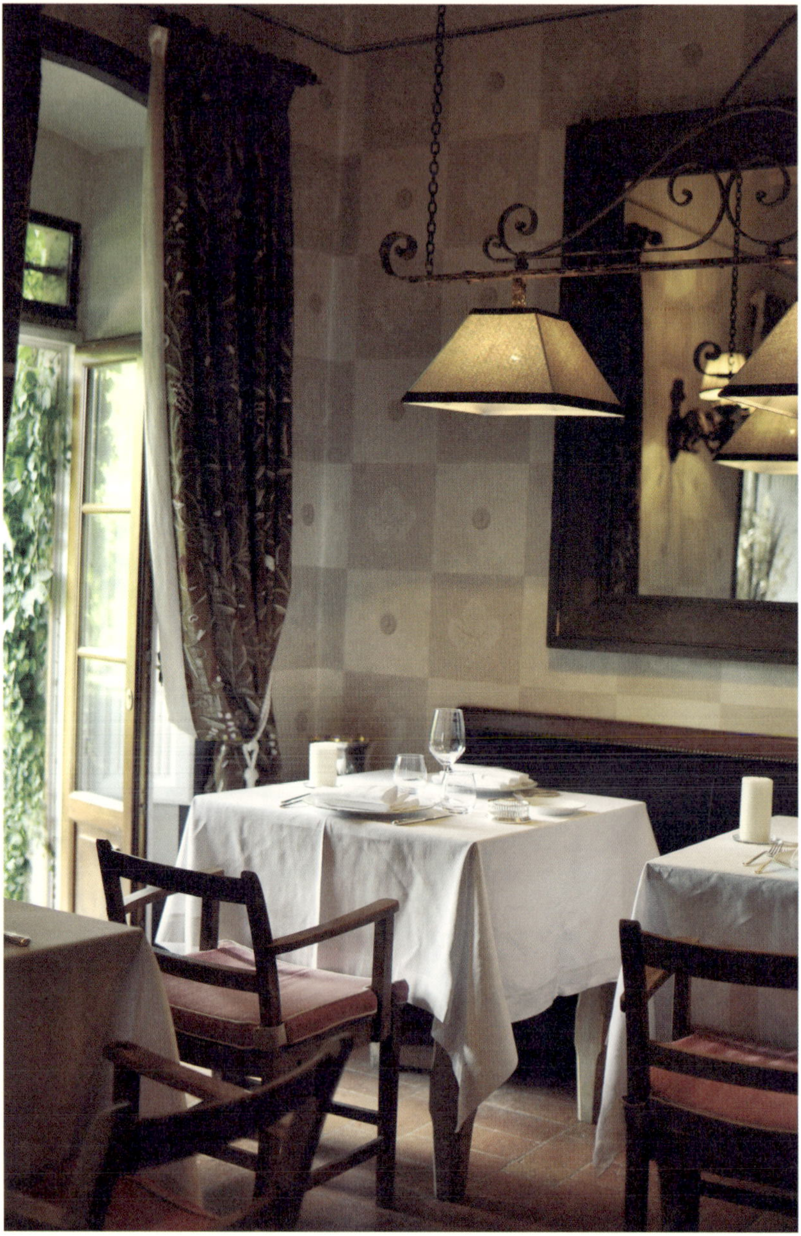

141

## 62
### ちいさなパスタ工房 (キャンティ地区)
**FABBRI**
ファッブリ

イタリア暮らしで気づかされたことのひとつに、「すべて作ることができる」、ということがあります。生産者と消費者の距離が近いイタリアだから見えたことなのだろうと思います。流通を隔てて、生産者が遠くに見える日本の暮らしではあまり感じられないことでしょう。

キャンティ地区に1893年創業の小さなパスタ工房「Fabbri」があります。日々食する乾燥パスタが、こんなにも身近なところで作られているなんて、こんなにうれしいことはありません。

ここは、すべてが完備された工場ではありません。古代小麦を使い、今でも昔ながらのブロンズのダイスで絞り出し、お天気や湿度によって変わるパスタの状態を、手と目で感じとり、仕上げていく、小さな工房。

工房を訪ねると、小麦の香りがする。これがすべて。

4代目のジョバンニは、「おいしいこと」にこだわり、100年以上ずっと変わらずこの場所で、アルティジャーノ（昔ながらの）なパスタを作っています。

*Pastificio Artigiano FABBRI*
Piazza Emilio Landi 18 50027 Strada in Chianti
TEL 055-858013　http://www.pastafabbri.it/

143

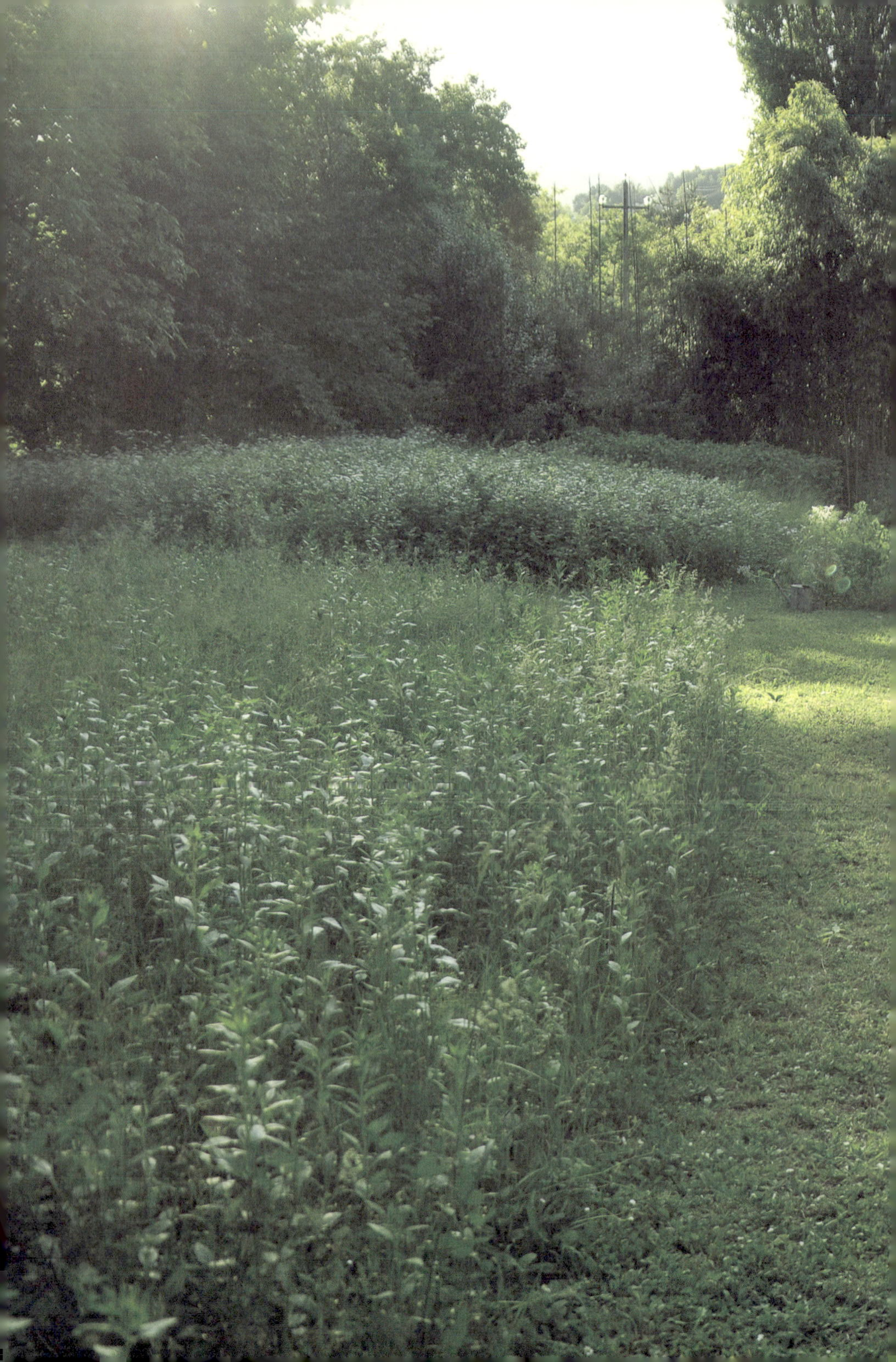

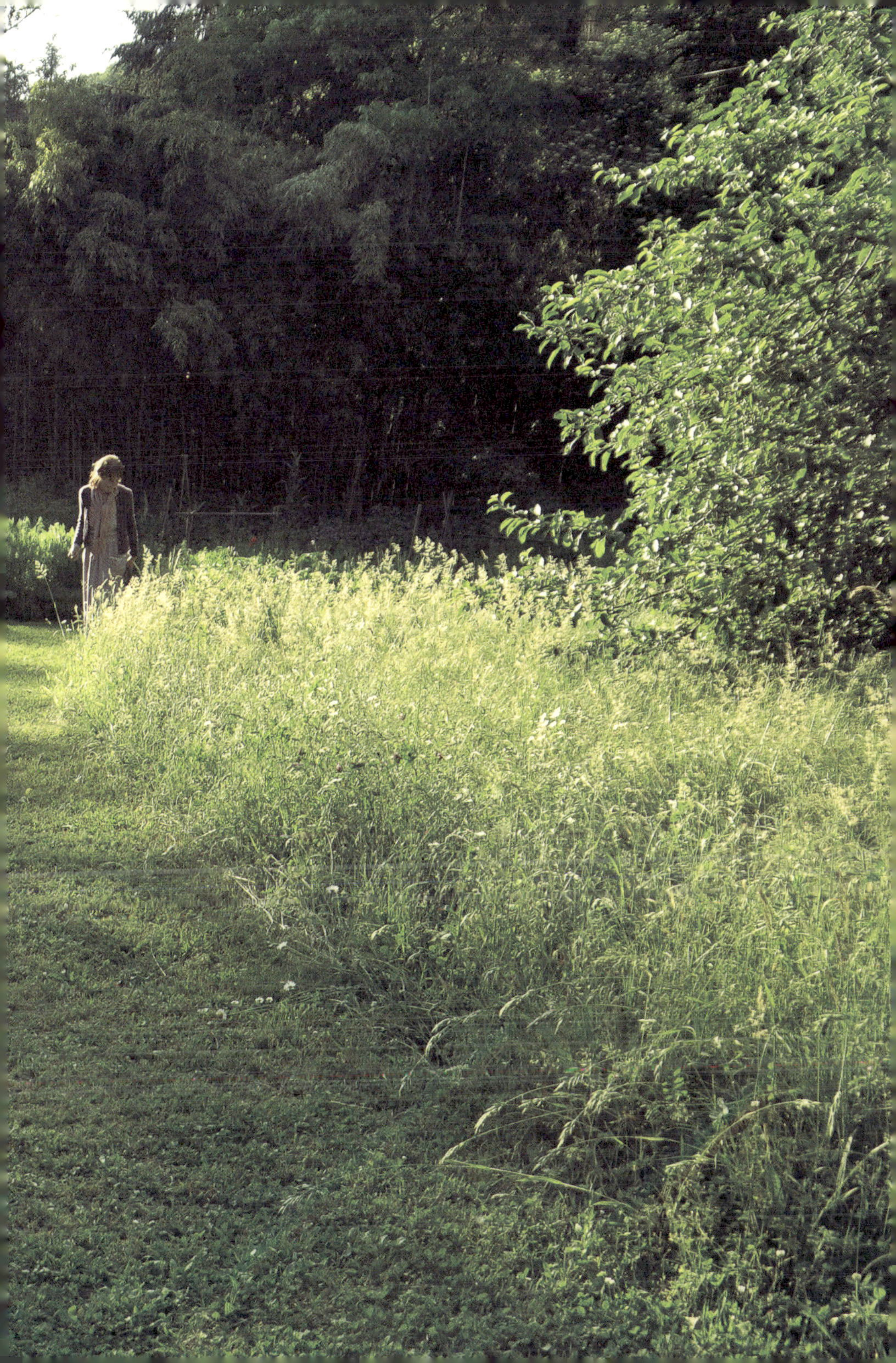

# 63
## ガブリエッラの庭の森へ（ボローニャ郊外）
### I GIARDINI DEL CASONCELLO
イ・ジャルディーニ・デル・カソンチェッロ

1年間でもっとも庭が美しいほんの1カ月ほどだけ一般公開される、知る人ぞ知るガーデンがあります。
エミリア・ロマーニャとトスカーナの境となるトスコ・エミリア。
Ａ１高速道路のリオヴェッジョを降り、ロイアーノ方面へひたすら車を走らせていきます。途中、道が細くなり、古い小さな村々を抜け、さらに進むと、山と空しかない草原地帯。これは道に迷い込んだかなと思う頃、緩やかな坂道の先に「I Giardini del Casoncello」という看板が見えてきます。ここがガブリエッラの庭です。

演劇の仕事をしていたガブリエッラは、もともと祖父の家だったこのロイアーノに来て、荒れ果てたこの地に30年という長い月日をかけ、美しい庭を作り出しました。
それは幾何学模様を美とするイタリア庭園とはまったく対称的なナチュラルガーデンで、私たちは庭というより自然の森へおじゃまする感覚。
長い歳月をかけて作られた花園はあまりに自然で、ここがガブリエッラによって作られた庭であることを忘れてしまいそうです。
彼女の案内で庭を散歩するとあっという間に2、3時間がすぎてしまいますが、それもそのはず、総面積1ヘクタールという広大な庭ですから。

彼女の庭には、珍しい植物もさることながら、目にとまるのは雑草たち。
ガブリエッラは山道を散歩していて、見たこともない雑草に出くわすと、「この雑草をまた後日採りに来ますので、そのままにしておいて下さい。ガブリエッラ」とメッセージを残して帰ります。
翌日彼女はスコップ片手に再び現われ、その雑草を頂いて、自分の庭に持ち帰り、育てるのです。

147

彼女は庭に雑草が生えてきたとしても、すべてを抜いたりはしません。グラス系の雑草ならば、ISORA（島）のような形にして残し、抜いた雑草は土作りのために再生をしたり、野菜作りの肥料にしたりと最大限に再利用します。

ガブリエッラにとっては雑草のISORAは虫たちのための場所。虫たちだって庭造りには大事なのだからと、彼らの居場所も確保するのです。そうすることで、虫たちは彼ら本来の仕事をするようになるのよ、とガブリエッラは語ります。自然のサイクルを理解している彼女らしい配慮です。

今では注目されているコンパニオンプランツですが、彼女はもうずっと前から実践し、そうやって収穫された無農薬野菜だけを自らの食卓で頂くそう。

母親から譲ってもらったという大きな古い銅鍋で毎年ジャムも作ります。

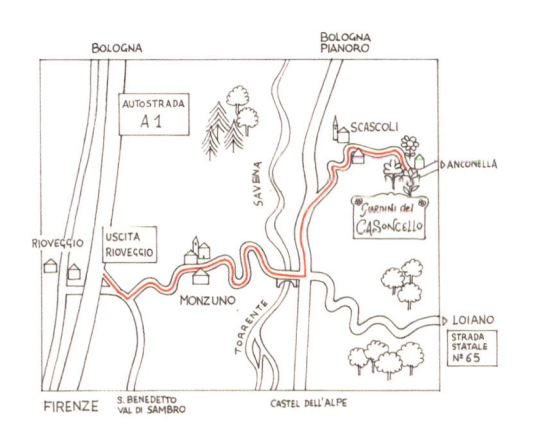

### *I Giardini del Casoncello*

via scascoli 75 40050 loiano (Bologna)
TEL 051-928100

要予約。ガーデン見学の後は、ガブリエッラからハーブティー、お手製のジャムやお菓子などもふるまわれます。毎年春、一番の見どころであるバラの開花に合わせ、4月中旬から5月下旬まで一般公開。見学料の一部はロイアーノ地域保護のために寄付されています。

http://www.giardinidelcasoncello.net/

149

## *64*
## ローマ法王がお忍びで買いにくるチーズ（ピエンツァ郊外）
### AZIENDA AGRICOLA SAN POLO
アジィエンダ・アグリコーラ・サン・ポーロ

ある日、友だちのステファノが、「ここのペコリーノはとびきり美味しいぞ」と、直径20センチもある大きなペコリーノをまるまる一つ持ってきてくれました。
ペコリーノとは羊のミルクで出来ているチーズです。
一枚の胡桃の葉が添えられたそのペコリーノは、カットするまでもなく、味見をするまでもなく、絶対においしい──そういうオーラを放っています。
味見をしてみると、その期待を裏切ることなく、それは今まで食べた中でいちばんおいしいペコリーノチーズでした。

この最高に美味しいペコリーノを作るチーズ工房は、南トスカーナのピエンツァという小さな村のまたさらに外れたところにあります。
ここはトスカーナだけれど、羊の世話をするのはサルデーニャ出身の人たち。
それこそ美味しいペコリーノチーズの隠れた法則。
人よりも羊が多くいるといわれているサルデーニャ地方の人たちは、どの季節にどの草を、いつごろ羊に食べさせればよいか、どう扱えばおいしいミルクを出してくれるのか、ほかのどの土地の人たちよりもわかっているのだそうです。
自然豊かなトスカーナの大地と、牧場を経営する資本力、そして羊を知りぬいたサルデーニャの羊飼い。この三位一体が最高のペコリーノ・トスカーノを生みだすちょっと意外な組み合わせなのです。

5カ月の間、胡桃の葉で熟成されるこの羊のチーズは、6月中旬頃からの期間限定で売り出されます。
かつてローマ法王も厳戒体制の中わざわざ足を運び、150個を注文されたそうです。もちろん、チーズ工房ではそんなに作れなくて、法王は15個しか買えなかったそうですが。

***Azienda Agricola San Polo***
Podere San Polo 13 53026 Pienza (Siena)
TEL 0577- 665321

# 65
## イタリア式包装紙の包み方
### PACCO PER REGALO
パッコ・ペル・レガーロ

日本からお土産を持って帰ると、イタリア人の友人がいつも感心するのは、お土産そのものもさることながら、そのラッピングです。紙にたるみを作ることなくピシッと、また正面に絵柄が合うように計算しつくされたデザイン包装紙、さらに美しくリボンや水引がかけられていることに、彼らは毎回大喜び。でも日本人である私にとっては、逆にイタリア人的包装の仕方にこそ感心しないではいられないのです。

イタリア式では、セロテープは使わずに、おり紙のように紙をたたみながら包みます。

お菓子屋さんも、チーズ屋さんも、お肉屋さんも、総菜屋さんも、皆この包み方。初めてこの包み方を見たときは、ずいぶんややこしい、難しい包み方をするなぁと思っていたけれど、慣れてみたらそれは簡単でした。

ここで包み方をご紹介。

153

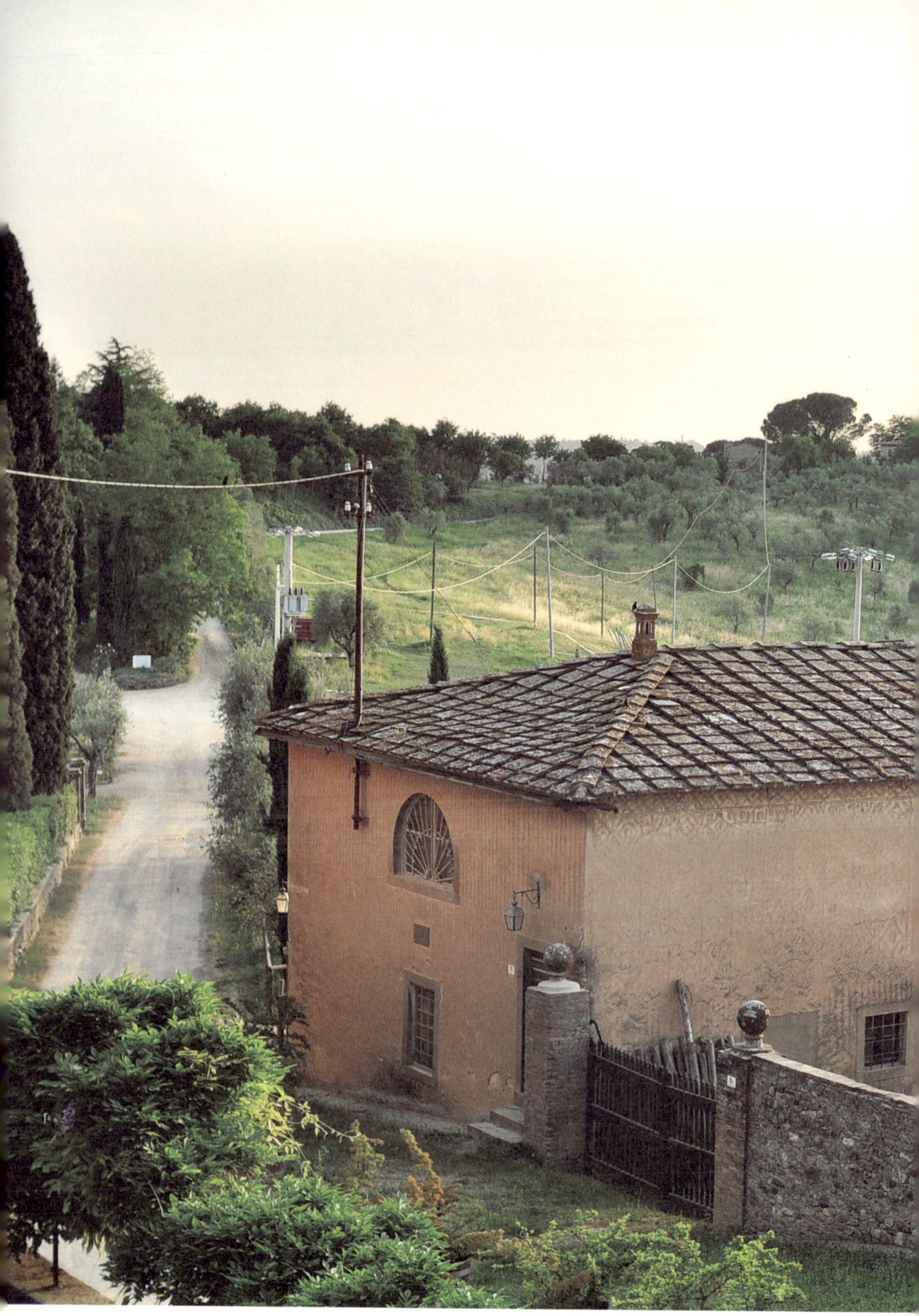

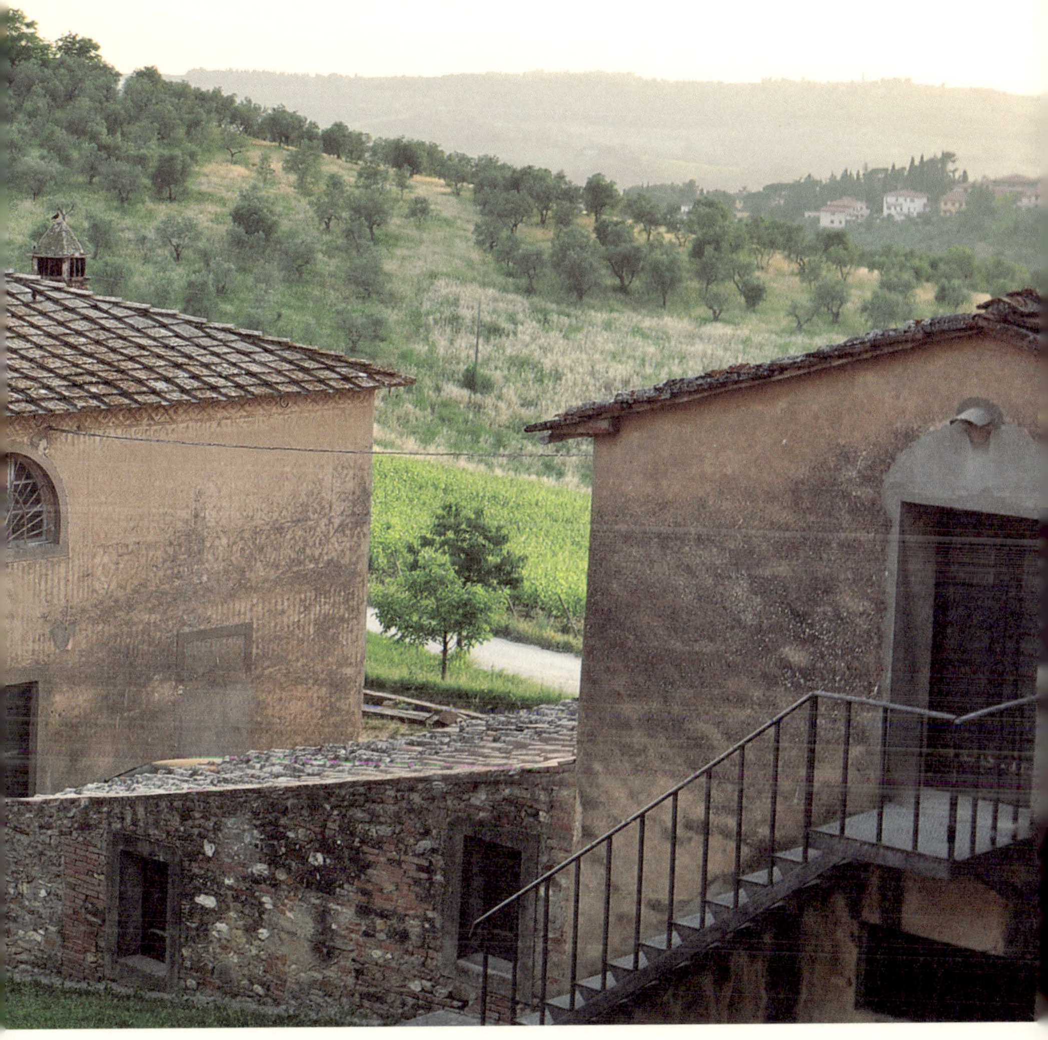

# フィレンツェ広域図

0 — 500m

- フォルテッツァ庭園
- P.za della Indipendenza
- V/le Filli Rosselli
- Via Guelfa
- P.za Porta al Prato
- ブラート門
- Via Jacopo da Diacceto
- Via Luigi Alamanni
- Via Faenza
- V. Nazionale
- P.za Adua
- バルダッチ p.54
- P.za Vittorio Veneto
- Via Montebello
- Via il Prato
- V.B. Rucellai
- Via Ott Oricellari
- フィレンツェ・サンタ・マリア・ノヴェッラ駅
- P.del Mercato C. 中央市場
- カーサ・デル・ヴィーノ p.6
- Viale Fratelli
- V. Solferino
- V. Magenta
- Via S. Cat. da Siena
- Via della Stazione
- ゴッツィ p.20
- P.za della Unita Italiana
- Pte d. Vittoria
- コムナーレ劇場
- V. Palazuolo
- Via della Scala
- S.M.ノヴェッラ教会
- P.za Madonna d. Aldobran
- サン・ロレンツォ教会
- Via Panzani
- Lungarno Amerigo Vespucci
- V. Curatone
- サンタ・マリア・ノヴェッラ薬局 p.28
- P.za S. M. Novella サンタ・マリア・ノヴェッラ広場
- Via de' Cerretani
- P.za T. Gaddi
- V.d. Fonderia
- B.go Ognissanti
- オーニッサンティ教会
- ロビジリオ p.88
- V.Ponte Sospeso
- P.za d' Ognissanti
- プロカッチ p.30
- Via degli Strozzi
- P.za P. Vettori
- Via Pisana
- V.B. Gozzoli
- A. Vespucci
- パラッツォ・ストロッツィ p.36
- P.za d. Repubblica レプップリカ(共和国)広場
- Via de' Tornabuoni
- V/le R. Sanzio
- Via Giacomo Zanella
- ファルマチア・ムンステルマン p.96
- P.za C. Goldoni
- Lungarno Corsini
- V/le Ludovico Ariosto
- Via dell'Orto
- B.go S. Frediano
- P.za Cestello
- Lung. Soderini
- Pte alla Carraia
- V/le A. Aleardi
- V. Leone
- クエッレ・トレ p.64
- サンタ・トリニタ橋 p.56
- Via Domenico Burchiello
- P.za d. Carmine
- フィオリーレ p.8
- Pte Trinita
- ルカ p.60
- オーリオ&コンヴィヴィウム p.58
- Ponte Vecchio
- ウフィツィ美術館
- P.za T. Tasso
- サンタ・マリア・デル・カルミネ教会
- V.K.S. Monaca
- オーガニックマーケット p.24
- サント・スピリト教会
- アッラ・ヴェッキア・ベットラ p.66
- Via di Belloguardo
- V. Villani
- Via Casone
- V.d. Campuccio
- P.za S. Spirito
- Via de' Serragli
- V. Mazzetta
- Via Maggio
- P.za d. Pitti
- ビッティ宮
- Viale Francesco Petrarca
- V. Romana
- 動物学博物館
- ベルヴェデーレ要塞
- Via Ippolito Pindemonte
- セッラーリ通り
- Viale della Meridiana
- ボーボリ庭園
- Viale dei Cipressi
- 陶磁器博物館
- リッカルド・バルテル p.70
- V. Romana
- ローマ門
- ポルタ・ロマーナ広場
- Via Senese

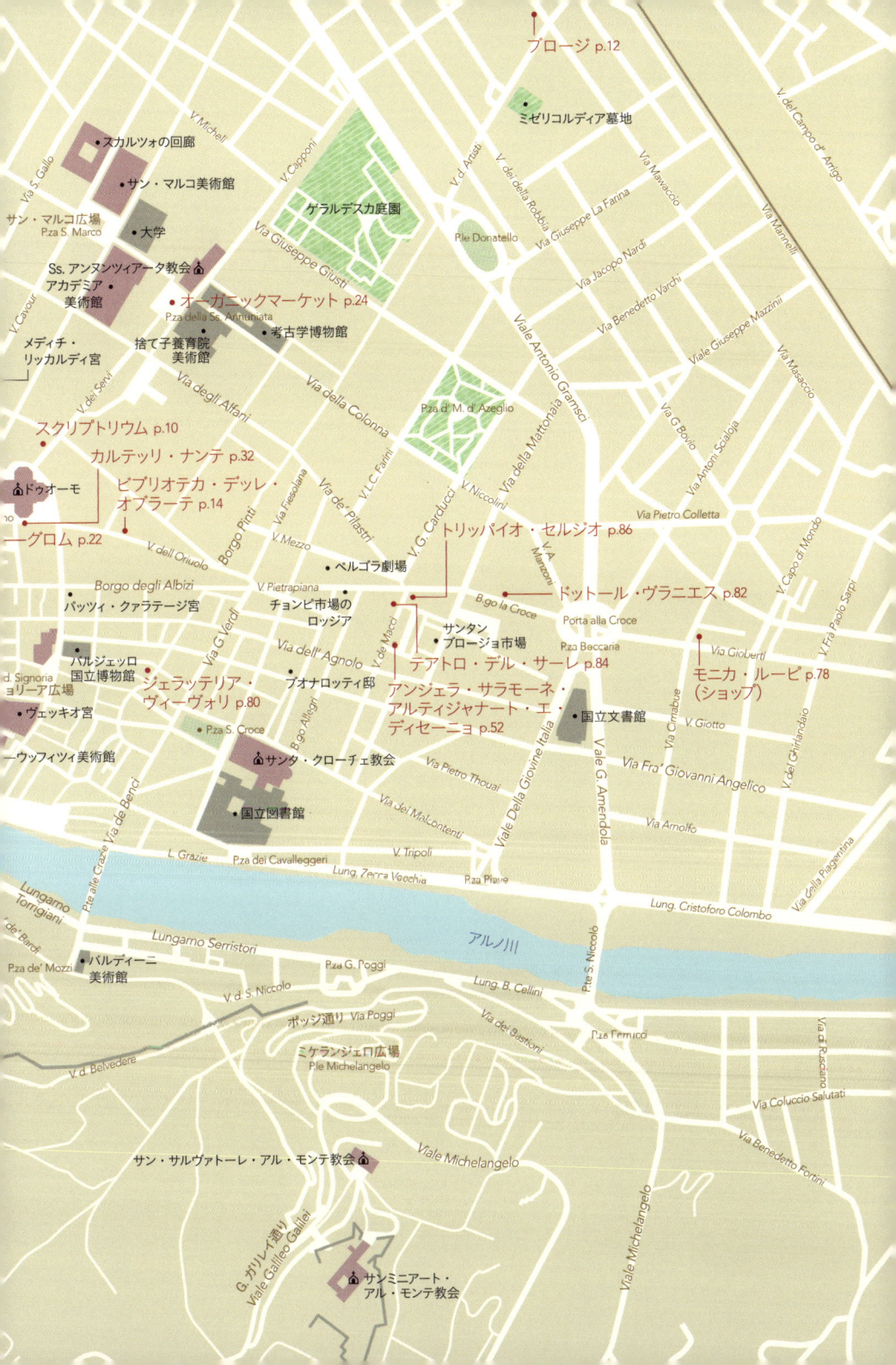

- ブロージ p.12
- ミゼリコルディア墓地
- スカルツォの回廊
- サン・マルコ美術館
- ゲラルデスカ庭園
- サン・マルコ広場
- Ss. アンヌンツィアータ教会
- アカデミア美術館
- 大学
- メディチ・リッカルディ宮
- 捨て子養育院美術館
- 考古学博物館
- スクリプトリウム p.10
- カルテッリ・ナンテ p.32
- ビブリオテカ・デッレ・オブラーテ p.14
- ドゥオーモ
- グロム p.22
- トリッパイオ・セルジオ p.86
- ドットール・ヴラニエス p.82
- パッツィ・クァラテージ宮
- ペルゴラ劇場
- チョンピ市場のロッジア
- サンタンブロージョ市場
- テアトロ・デル・サーレ p.84
- モニカ・ルーピ（ショップ）p.78
- ジェラッテリア・ヴィーヴォリ p.80
- バルジェッロ国立博物館
- ブオナロッティ邸
- アンジェラ・サラモーネ・アルティジャナート・エ・ディセーニョ p.52
- ヴェッキオ宮
- シニョリーア広場
- サンタ・クローチェ教会
- 国立文書館
- ウッフィツィ美術館
- 国立図書館
- アルノ川
- バルディーニ美術館
- ポッジ通り Via Poggi
- ミケランジェロ広場 P.le Michelangelo
- サン・サルヴァトーレ・アル・モンテ教会
- サンミニアート・アル・モンテ教会

## ボローニャ郊外

- イル・ムゼオ・エットーレ・グアテッリ p.130
- ムリーノ・デル・ドットーレ p.134
- ダ・アメリーゴ p.136
- イ・ジャルディーニ・デル・カソンチェッロ p.144

主な地名: マントヴァ、バニョーロ・サン・ヴィート、オスティーリア、ロヴィーゴ、ポー川、パルマ空港、パルマ、フェラーラ、チェント、レッジョ・エミリア、モデナ、エミリア＝ロマーニャ、コマッキオ、コマッキオ湖、オッツァーノ・ターロ駅、Formova 出口、フォルモーヴォ駅、ボローニャ・ボルゴ・パニガーレ空港、ボローニャ、ラヴェンナ、サヴィーニョ、ピアノーロ、イーモラ、ファエンツァ、フォルリ、チェゼーナ、ラ・スペツィア、トスカーナ、ピストイア、プラート、バーニョ・ディ・ロマーニャ、リグリア海、ヴィアレッジョ、ルッカ、ピサ、フィレンツェ・ペレトラ空港、フィレンツェ

## チェーチナ ボルゲリ地区

- ヴィッラ・トスカーナ p.124
- p.126 で紹介した廃墟
- カーサ・コロニーア (ARBERTO) p.126

主な地名: チェーチナ駅、チェーチナ、グアルディスタッロ、カザーレ・マリッティモ、ラ・カリフォルニア、ビッボーナ、ボルゲリ駅 p.126、サン・グイード、ボルゲリ、リグリア海、Via Aurelia Sud、トスカーナ

インセット図: ミラノ、ヴェネツィア、フィレンツェ、ボルゲリ地区、ローマ、イタリア、ナポリ、地中海

# フィレンツェ郊外 キャンティ地区

- スカンディッチ
- フィレンツェ・サンタ・マリア・ノヴェッラ駅
- フィレンツェ
- フィレンツェ・カンポ・ディ・マルテ駅
- サン・ガッジョ
- ラヴァンデリア・パプッチ p.94
- バーニョ・ア・リーポリ
- ティンテ・エ・トニー p.104
- ポンテ・ア・エマ
- ガッルッツォ
- Autostrada del Sole
- チェルトーザ修道院 p.122
- ポッタイ
- サン・ドナート・イン・コッリーナ
- タヴァルヌッツェ
- コンソルツィオ・アグラリオ p.110
- インプルネータ
- サン・ポーロ・イン・キャンティ
- ストラーダ・イン・キャンティ
- ファッブリ p.142
- サン・カシャーノ・イン・ヴァル・ディ・ペーザ
- イル・フェッローネ
- メルカターレ
- キオッキオ
- チントイア
- トスカーナ
- キャンティ
- グレティ
- ドゥッダ
- ヴィッラ・ボルドーニ p.138
- ピエーヴェ・イン・サン・クレシ
- モンテフィオラッレ
- グレーヴェ・イン・キャンティ
- タヴェルナ・デル・グエッリーノ p.114
- タヴァルネッレ・ヴァル・ディ・ペーザ
- パンツァーノ・イン・キャンティ
- チェッキーニ p.117

アルノ川
Via Chiantigiana
Raccordo Autostradale Siena-Firenze

SS67 · SP127 · SR2 · A1/E45 · SP4 · SP70 · SR222 · SP3 · SP119 · SP92 · SR222 · SP66 · SP118 · SP16 · SR222

0 3km

## 古澤 千恵（ふるさわ ちえ）

幼少の頃から古物好きの祖母、母の影響で古物に囲まれて育つ。2000年にソムリエで料理人の夫とイタリアに渡り、トスカーナの田舎のオリーブ畑に囲まれた古い家で10年間暮らす。イタリアでアンティークを取り扱うかたわら、イタリアの食を探求するべく、各地の伝統食材の生産者、こだわりのワイナリー、郷土料理の食堂やリストランテなどを訪問するのに余念がない。また、各地の料理上手なマンマの味を学ぶ、究極のくいしんぼう。イタリア古物webショップ「OVUNQUE」(http://www.ovunque.jp/)でイタリアンアンティークを紹介・販売する一方、アンティークコーディネーターとしてアンティークや器類のレンタルや、店舗・住宅のコーディネートを手がける。現在、鎌倉長谷のエノガストロノミア「OLTREVINO」を夫婦で営んでいるが、年に数回イタリアに帰る。料理専門誌「料理通信」アンバサダーブログ・ゲストアンバサダー。

本文・写真 ── 古澤千恵
デザイン ─── 渡部浩美
地図 ───── フロマージュ

＊本書の情報は2012年3月現在のものです。

## とっておきのフィレンツェ／トスカーナ
おいしいものと素敵なところ

2012年 3 月20日 初版第 1 刷発行
2019年 5 月25日 初版第 5 刷発行

著者　　古澤千恵
発行者　喜入冬子
発行所　株式会社筑摩書房
　　　　東京都台東区蔵前2-5-3（〒111-8755）
　　　　電話 03-5687-2601（代表）
印刷　　凸版印刷株式会社
製本　　凸版印刷株式会社

本書をコピー、スキャニング等の方法により無許諾で複製することは、法令に規定された場合を除いて禁止されています。請負業者等の第三者によるデジタル化は一切認められていませんので、ご注意ください。

乱丁・落丁本は、お手数ですが下記にご送付ください。送料小社負担でお取り替えいたします。
©FURUSAWA Chie 2012 Printed in Japan
ISBN978-4-480-87852-6 C0095